Niklas Luhmann zur Einführung

Walter Reese-Schäfer

Niklas Luhmann zur Einführung

JUNIUS

Junius Verlag GmbH
Stresemannstraße 375
22761 Hamburg
Im Internet: www.junius-verlag.de

Umschlaggestaltung: Florian Zietz
Titelfoto: dpa
Satz: Junius Verlag
Printed in the EU 2022
ISBN 978-3-88506-696-5
7., ergänzte Auflage 2022

Bibliografische Information Der Deutschen Nationalbibliothek
Die Deutsche Nationalbibliothek verzeichnet diese Publikation in der Deutschen Nationalbibliografie; detaillierte bibliografische Daten sind im Internet über http://dnb.dnb.de abrufbar.

Inhalt

Anhang

1. Einleitung

> »Methoden ermöglichen es der wissenschaftlichen Forschung, sich selbst zu überraschen.« (GG 37)

Weniger für gläubige Anhänger ist diese Einführung gedacht, sondern eher für solche Leser, die sich einen kritischen und eigenständigen Überblick über das Werk Niklas Luhmanns verschaffen wollen. Sein Gesamtwerk hat einen eindrucksvollen Umfang. Sein Hauptwerk, *Die Gesellschaft der Gesellschaft*, bildet den Schlussstein der Theoriekathedrale und gibt Landkarte und Leitfaden zum Verständnis der modernen Systemtheorie. Um dieses Hauptwerk herum gruppieren sich Einzelanalysen, die ich insgesamt als Werkkomplex I kennzeichnen würde: *Die Wissenschaft der Gesellschaft*, *Die Wirtschaft der Gesellschaft*, *Die Kunst der Gesellschaft*, *Das Recht der Gesellschaft* sowie die nach seinem Tode veröffentlichten Bände *Die Politik der Gesellschaft*, *Die Religion der Gesellschaft* und *Das Erziehungssystem der Gesellschaft.* Die Einleitung zu dieser Serie von Analysen ist zu einem 674 Seiten langen Buch geworden und trägt den Titel *Soziale Systeme. Grundriß einer allgemeinen Theorie*. Dieses Werk ist nach wie vor die dichteste, abstrakteste und bei aller Mühe des Durcharbeitens auch lohnendste Präsentation des Theoriekerns.

Damit verfügen wir jetzt über das Gesamtbild. Wenn man Luhmann gerecht werden will, muss man sich an der Architektonik der Gesamtkonzeption orientieren. Neben seinem systematischen Werk steht als weiterer, etwas weniger umfangreicher, aber außerordentlich gelehrsamer Teil eine Reihe von Analysen zur historischen Semantik von sozialwissenschaftlichen Grundbegriffen wie Selbstreferenz, Recht, Staat und Staatsräson, Individualismus, Liebe als Passion, Ethik, Moral, Kultur, Natur oder Barbarei. Vor allem in den vier Bänden *Gesellschaftsstruktur und Semantik I-IV* sind diese Analysen ausgebreitet. Ich nenne sie Werkkomplex II. Dadurch ist zusätzlich zu einer systemtheoretischen auch eine historisch-begriffsgeschichtlich orientierte Lektüre Luhmanns möglich, die sich vor allem für Geschichts- und Geisteswissenschaftler schon in vielen Fällen als außerordentlich fruchtbar und anregend erwiesen hat. Mit diesen Einzelanalysen und dem von Luhmann reichhaltig erschlossenen Quellenmaterial können auch solche Leser etwas anfangen, die nicht unbedingt bereit sind, die systemtheoretische Gesamtkonzeption mit allen ihren Implikationen zu übernehmen. Luhmanns manchmal etwas frivol und spielerisch auftrumpfender Spott über »alteuropäische« Begriffsgebilde wird hier in minutiöser Weise mit Materialien und Fakten unterfüttert.

Weitere Werkteile sind politisch-soziale Analysen etwa zur Soziologie des Risikos, zur Realität der Massenmedien, zur Ökologischen Kommunikation oder zur Politischen Theorie im Wohlfahrtsstaat. Dies ist der Werkkomplex III, der von allen als der realitäts- und politiknächste Bereich gelten kann, auch wenn Luhmann hier darauf achtet, die Distanz des Beobachters immer einzuhalten. Seine Herkunft aus dem öffentlichen Dienst, in dem er es bis zum Oberregierungsrat in Niedersachsen gebracht hatte, hat ihn darüber hinaus genötigt, sich kontinuierlich mit Fragen der Organisationssoziologie zu befassen, von seinem ersten Buch *Funktionen und Folgen formaler Organisation* bis hin zu dem bedeutenden Text *Organisation und Entscheidung*, den ich für immerhin so gewichtig halte, dass es angemessen wäre, ihn als *»Die Organisationen der Gesellschaft«* in die Reihe der ganz großen Theoriewerke Luhmanns aufzunehmen. Dies kann als Werkkomplex IV zusammengefasst werden.

Die Struktur dieser Einführung ist damit vorgegeben: Zunächst geht es mir darum, ein Verständnis für die ganz spezielle Wissenschaftssprache zu wecken, die zugleich Rezeptionshindernis und Faszinationselement ist. Dann müssen einige Schlüsselbegriffe dargelegt werden, die in allen Analysen Luhmanns wiederkehren, nämlich die Begriffe »Sinn«, »Systeme« und »Autopoiesis«. Anschließend soll als exemplarischer Fall für Luhmanns historisch-semantische Analysen die berühmte und erfolgreichste dieser Studien, *Liebe als Passion*, dargestellt werden.

In fast allen seinen Arbeiten nimmt Luhmann Bezug auf die operative Logik George Spencer Browns und den radikalen Konstruktivismus. Diese werden deshalb zusammenfassend abgehandelt, um nun mit dem auf diese Weise gewonnenen methodischen Instrumentarium den Grundriss und die begriffliche Struktur seiner Supertheorie (mit höherer Oktanzahl, TM 9) in den *Sozialen Systemen* nachzuzeichnen. Die Politiktheorie, die Religionssoziologie, die Kunstsoziologie und die ziemlich antimoralistische Moralsoziologie werden anschließend entwickelt. Der Höhenweg von Luhmanns Theoriekonstruktion wird dann in Kapitel 11 in der Darstellung der Grundthesen von »Die Gesellschaft der Gesellschaft« mit dem zentralen Begriff der Weltgesellschaft erreicht. Am Schluss gilt es noch, die viel diskutierte Kontroverse mit Jürgen Habermas zusammenfassend darzustellen, durch die Luhmann überhaupt erst zum führenden Sozialtheoretiker der Bundesrepublik geworden ist.

Allein schon die beeindruckenden Textmassen, die von Luhmann vorliegen, bereiten dem Leser oft Probleme. Ab wann kann man glauben, das Wesentliche erfasst zu haben? Luhmann selbst erleichtert die Orientierung dadurch, dass er seine zentralen und tragenden Gedanken in allen Texten – jeweils dem aktuellen

Darstellungzweck angepasst – zusammenfasst und wiederholt. An diesen Wiederholungen sich zu orientieren ist gleichzeitig die beste Weise, den Stärken seiner Theoriekonstruktion gerecht zu werden. Das alte Verstehensprinzip, eine Theorie nicht an ihren Schwachstellen zu zerpflücken, sondern sich gerade auf ihre Vorzüge und ihre Leistungsfähigkeit zu konzentrieren (und dennoch die Fehler zu benennen), muss bei Luhmann sehr nachdrücklich empfohlen und eingeklagt werden, weil es im Umgang mit seinen Texten eher selten eingehalten wird.

Stehen der Grundsatz und die Methode der Systemtheorie erst einmal klar vor Augen, ergibt sich der Zugang zu Luhmanns Werk für jeden Leser durch die Chance, eigene Stollen in die ihn näher interessierenden oder aufgrund eigener Forschungen betreffenden Textbereiche hineinzusprengen. Gegen ein derartiges selbstgesteuertes Lektüreverfahren hätte Luhmann selbst nichts einzuwenden gehabt, denn er hat immer wieder beklagt, dass es nicht möglich ist, alles Wesentliche, was man berücksichtigen muss, gleichzeitig zu sagen. Das Nacheinander der textuellen Darstellung führt zur Verzerrung. Solche Klagen durchziehen seine Vorworte, denn mit der Gruppierung seiner Stoffmassen ist Luhmann nie wirklich zurechtgekommen. Seine abschließenden Gesamtdarstellungen sind auch deshalb eine oftmals ermüdende Lektüre, weil er immer wieder die gleichen Argumente und Theorieversatzstücke vorträgt. Er tut dies, weil er nicht voraussetzen möchte, dass ein Leser der Religionssoziologie auch die Kunstsoziologie gelesen hat, und empfiehlt, doch einfach schneller zu lesen, wenn man auf schon Bekanntes stößt. Allerdings verkennt er, dass jeder Leser von Theorietexten ähnlich wie der Romanleser, der wissen will, wie es ausgeht, immer schon mit der ihm höchstmöglichen Geschwindigkeit liest – ganz anders als jemand, der etwa lyrische Texte genussvoll rezipieren würde. Wesentliche Beschleunigungseffekte sind dann den meisten einfach nicht mehr möglich. Selbstverständlich ist diese Einführung auch als Handreichung gedacht, um dieses Problem zu bewältigen und den Leser zu ermutigen und instand zu setzen, den anfangs erdrückend scheinenden Textmassen selbstbewusster, aber ohne das Ressentiment der Überforderung entgegenzutreten.

Gerade auch die späteren Arbeiten sollten in das Gesamtbild integriert werden. Anders als viele Luhmann-Exegeten mute ich keinem Leser zu, Paradoxien und Widersprüche in seinen Texten schlicht als Glaubensprüfung hinzunehmen – nach dem Motto: Derjenige ist dem Meister am nächsten, der auch noch dessen allerabstruseste Paradoxie textgenau zu reproduzieren vermag. Derartige Sektenbildungen ersetzen Eigendenken durch Texttreue. Gegen solche Nachbeter hat Luhmann einige ironische Sicherungen in seine Texte eingebaut. »Einerseits habe ich das Bedürfnis, in jedes Buch mindestens einen Unsinn hineinzubringen.« Andererseits werden Paradoxien oft als Ausgangspunkt genommen und dann meist durch Verzeitlichung, oft auch durch Umgehungsstrategien entschärft. Wer das nicht bemerkt, stolpert in die Gruben des Unfugs. »Das hat ja auch mit der Fundierung in Paradoxien zu tun. Mein Stil ist ja auch ironisch, um das genau zu markieren. Ich will damit sagen, nehmt mich bitte nicht zu ernst oder versteht mich bitte nicht zu schnell.«[1]

Es wird in diesem Einführungsband nicht versucht, über solche Probleme freundlich hinwegzuplaudern, sondern sie werden genau bezeichnet und reflexiv eingegrenzt. Anders als die meisten Luhmann-Kritiker verzichte ich aber auf die Anmaßung, es besser zu wissen. Ich möchte vielmehr herausfinden, was argumentativ standhalten kann, was methodisch und inhaltlich weiterführend und anregend ist und wo die Probleme liegen. Diese Einführung ist dem gleichen Anspruch verpflichtet, zu dem Luhmann sich bekannt hat: der soziologischen Aufklärung. Dazu gehört die kritische Reflexion ihrer selbst.

2. Über die Unverständlichkeit

»Man möchte sich Sprachformen wünschen, die ein hinreichendes Maß an Vorbehalten mitvermitteln und ein rasches Verstehen verhindern.« (SO III, 176)

Luhmanns Theorie der sozialen Systeme gehört nicht zu den »netten, hilfsbereiten Theorien« (SY, 164). Allgemeinverständlichkeit ist nicht ihr Ziel. Das hängt mit ihrer besonderen Fragestellung zusammen: Sie will sich beeindrucken lassen »durch das Wahrscheinlichwerden des Unwahrscheinlichen« (SY 164). Sie fragt: »Wie ist soziale Ordnung möglich?« und behandelt diese Frage, indem sie soziale Ordnung zunächst einmal ins Fremdartige rückt und als unwahrscheinlich vorführt. Die Parallele zur Ethnomethodologie, die ebenfalls versucht, »Selbstverständlichkeiten des Alltagslebens in Frage zu stellen und durch experimentellen Frontalangriff oder durch elaborierte Sprachlichkeit der wissenschaftlichen Meta-Formulierung als kontingent zu erweisen« (SY, 165), ist deutlich.

Der Unterschied zur Ethnomethodologie besteht darin, dass diese eine Art eigene, expressive Gestikulation verwendet, um die Fremdartigkeit hervorzuheben. Luhmann bemängelt, dass expressives Verhalten, wie reflektiert es auch immer sei, eben noch keine Theorie ergibt. Statt zu gestikulieren, bemüht Luhmann sich um die Entwicklung seiner Theoriesprache. Allerdings ist diese darauf angewiesen, ihre Begriffsbildungen der vorgegebenen Sprachlichkeit abzugewinnen, »und bleibt damit sprachlich verführbar, irritierbar, mißverstehbar« (WG, 388). Deshalb hält er jene Jahrhunderte für einen Glücksfall, als es noch Latein als Fachsprache für die Wissenschaft gab, das nicht mehr alltagsprachlich verwendet wurde.

Der Versuch der Verfremdung rückt Luhmanns Theorie weg von den Freund- und Helfer-Konzeptionen (»Leitformeln und gute Polizey«; SY, 164). In der klassischen Rhetorik heißt das Ideal Klarheit »perspecuitas«. Luhmanns antiklassische Konzeption zielt dagegen auf die Faszination durch die »obscuritas«, die Dunkelheit. Er entscheidet sich aber auch nicht für jene – ich erlaube mir, da es hier um Fragen der Rhetorik geht, die perspektivische Übertreibung – »bösen« und »zersetzenden« Konzeptionen eines Georges Bataille, Foucault oder Derrida. Seine Frage: »Wie ist soziale Ordnung möglich?« ist nicht die Frage nach »der Eliminierung des Schädlichen oder Nichtanpassungsbereiten« (SY, 165), die man als das gemeinsame Thema der drei genannten französischen Autoren ansehen kann. Nicht Kritik an Prozessen der Eliminierung, sondern die Erklärung, wie das Unwahrscheinliche zur Normalität wird, ist Luhmanns Ziel. Denn *jede* Festlegung, sei sie nun irrtümlich oder absichtlich entstanden, bösartig repressiv oder wohlmeinend emanzipatorisch begründet, wird »Informations- und Anschlußwert für anderes Handeln gewinnen« (SY, 165). Luhmann wählt sich also einen Beobachterstandpunkt außerhalb dieser Gegensatzfronten, in die ein Theoretiker wie Foucault wohl noch eingereiht werden muss.

Unverständlichkeit gehört zu den Standardeinwänden gegen Luhmanns Denken. So war es naheliegend, dass er sich damit in einem Vortrag vor der Deutschen Akademie für Sprache und Dichtung auseinandergesetzt hat. Ironisch geht er von dem Satz aus: »Wer überhaupt spricht oder schreibt, sollte sich verständlich ausdrücken. Das ist eine auf den ersten Blick einleuchtende

Forderung.« (SO III, 170) Soziologie allerdings, und das ist seine Replik darauf, war von Anfang an eine Lehre nicht vom ersten, sondern vom zweiten Blick. Es kommt darauf an, die Gründe zu prüfen, aus denen (für jedermann? Für Teilgruppen? Für einige?) unverständlich gesprochen wird.

Im Laufe des 17. Jahrhunderts hat Wissenschaft sich als eigenständiges Funktionssystem ausdifferenziert. Je eigenständiger sie wurde, desto mehr hat sie die interne Kommunikation gegenüber der externen begünstigt. Am ausgeprägtesten zeigt sich das bei der Entwicklung einer besonderen Terminologie. Normalerweise bleibt die Diskussion des Themas auf dieser Ebene. Da die Verwendung von Fachausdrücken sowohl einen Tempogewinn als auch einen Genauigkeitsgewinn bedeutet, ist dieser Punkt jedoch nicht besonders interessant. Luhmann interessiert sich mehr für die über das Terminologische hinausgehenden Sprachprobleme, und naheliegenderweise geht er dabei von Problemen aus, die ihm in seiner eigenen Sprachpraxis bewusst geworden sind. Eine kurze Durchsicht dieser Probleme kann also einen Schlüssel zum Verständnis seiner Schreibweise an die Hand geben.

1. Ein wichtiges Problem der Wissenschaftssprache sind die Theorieanschlüsse (SO III, 173). Wissenschaft ist auf neue Resultate aus; durch sie wandeln sich die Inhalte von so zentralen Begriffen wie Macht, Liebe, Politik, öffentliche Meinung usw. Durch die Weiterverwendung solcher eingeführten Begriffe entsteht zugleich der Anschein, es handele sich dabei um immer gleiche Grundfragen. So ergeben sich Missverständnisse, zumal dann, »wenn der Leser oder Hörer der Tradition oder dem Alltagsverständnis verhaftet bleibt oder ständig dahin abrutscht« (SO III, 173). Der Verfasser wissenschaftlicher Texte steht damit immer vor der Frage: neuer Begriff und dadurch Unverständlichkeit oder Beibehaltung des traditionellen Begriffs und dadurch

Unverständnis gegenüber dem Wandel des Inhalts? Auf dieses Dilemma komme ich noch zurück.

2. Komplizierte methodenbewusste Forschung oder sehr stark abstrahierende Theoriearbeit wird durch ihre eigenen Operationsregeln weitergetragen. »Man weiß dann noch, was man tut; aber man weiß nicht, worum es sich handelt. Gerade dies aber will der Leser wissen und verstehen. So wird er irregeführt.« (SO III, 173)

3. Zwar wäre es vorteilhaft, seine Theorie, seine Bücher, seine Vorträge mit den allgemeinen Begriffen, Gesichtspunkten, Axiomen usw. zu beginnen, die für das Verständnis des Folgenden die Voraussetzung sind, oder mit dem einfachsten Fall, etwa dem Individuum, anzufangen und bei der Welt zu enden, wie Sartre in seiner *Kritik der dialektischen Vernunft*. Bei anspruchsvollen Theorien (also bei Luhmanns eigener) funktioniert dies indessen nicht. »Die mir vorschwebende Gesellschaftstheorie könnte ich von der Theorie des Systems, von der Theorie der Evolution, von der Theorie der Kommunikation oder von der Theorie über Sinn und Selbstreferenz aus schreiben. Jeder Einstieg, jeder Anfang ist mit nichtexplizierbaren Voraussetzungen belastet und daher für den, der bloß am Text entlangliest, kaum verständlich zu machen. Der Leser kann dann prüfen, ob die Sätze grammatikalisch stimmen; aber er kann die ihnen zu Grunde liegenden Optionen der Theorie nicht verfolgen.« (SO III, 174) Luhmann träumt deshalb von einer leicht labyrinthischen Theorieanlage in seinen Büchern, was aber wenig hülfe, weil die Leser ja auf verschiedenen Wegen zu ihnen gelangen.

4. Das vierte Problem ist logischer Art: Es gibt Realitäten, »die sich in Theorieform nur als Widersprüche darstellen lassen« (SO III, 174). Widersprüche sind aber in der Theorie bekanntlich gerade nicht zugelassen. Ähnlich verhält es sich mit der »Selbstimplikation« der Theorien: Ist die Systemtheorie nicht möglicher-

weise ein Obersystem ihrer Systeme? Enthält sie also sich selbst? Kann sie als Theorie und Metatheorie gleichzeitig auftreten?

5. Die Ausdifferenzierung des Wissenschaftssystems seit dem 17. Jahrhundert hat noch einen weiteren Sachverhalt produziert, den Luhmann als die Steigerung des Auflöse- und Rekombinationsvermögens bezeichnet. »Auch hier hat die Sprache Mühe, dem Denken zu folgen. Natürlich gilt nach wie vor: alles, was gedacht werden kann, kann auch gesagt werden. Aber das ist nicht das Problem. Das Problem ist: wie erzeuge ich mit sprachlichen Mitteln hinreichende *Simultanpräsenz* komplexer Sachverhalte und damit hinreichende Kontrolle über die Anschlußbewegung des Redens und Verstehens.« (SO III, 174 f.)

All das erzeugt Verständnisprobleme und belegt hinreichend deutlich, dass es nicht ein Übermut einer sich selbst gefallenden Theorie ist, der sie zu besonderen Sprachformen greifen lässt. Luhmann beklagt geradezu die »Inflationierung des soziologischen Jargons« und sein »Überschwappen in andere Disziplinen« (SO III, 175). Interdisziplinärer Austausch setzt ja in der Tat Verständlichkeit voraus. Der Jargon der Soziologie beinhaltet aber die Gefahr, dass »ihre Begriffe und Aussageversuche verstanden und in anderen Disziplinen wie Wissen weiterbehandelt werden« (SO III, 175), während sie in Wirklichkeit »kein gesichert wahres Wissen über unsere Gesellschaft besitzt«. Der Schein der Verständlichkeit führt also geradezu in die Irre, »und man möchte sich Sprachformen wünschen, die ein hinreichendes Maß an Vorbehalten mitvermitteln und ein zu rasches Verstehen verhindern« (SO III, 176).

Solche Sprachformen gibt es freilich nicht. Bei der Beobachtung der Rezeptionsgeschichte von Texten Adornos, Benjamins, Derridas, Foucaults und vieler anderer lässt sich – im Gegenteil – erkennen, wie gerade die »obscuritas« einiger Stellen dazu führt, dass sie immer wieder zitiert werden und Folgebereitschaft auslösen. Ein anderes Beispiel: Bei der Prägung des Begriffs Autopoiesis (vgl. das folgende Kapitel in diesem Band) im Umkreis von Humberto Maturana hatte man darauf gesetzt, den Verfremdungseffekt dieses Begriffs gegen die Alltagssprache zu stabilisieren und ihm so Unverwechselbarkeit zu sichern. Luhmann bezweifelt sehr, dass dies »angesichts der Eigendynamik gerade dieses Wortes und seiner Kondensationsleistungen« (WG, 388) gelungen ist.

So elitär Luhmanns Sprachduktus manchmal erscheint, so sehr wendet er sich gegen das Prinzip der Exklusion und gegen eine elitäre Sprache. Er vertritt jedoch konsequent die Auffassung, »daß man sich den Sachnotwendigkeiten kompromißlos fügen sollte und daß Verständlichkeit kein Prinzip sein darf, das etwas verhindert, was zu sagen möglich ist« (SO III, 176). Forschung, die Neuartiges mitteilen will, gerät dadurch leicht in die Grenzbereiche des Ausdrückbaren. In einer überraschenden Wendung erlaubt sich Luhmann deshalb einen Ausblick auf die Möglichkeiten literarischen Sprechens. »Ich denke manchmal, es fehlt uns nicht an gelehrter Prosa, sondern an gelehrter Poesie. [...] Vielleicht sollte es [...] für anspruchsvolle Theorieleistungen eine Art Parallelpoesie geben, die alles noch einmal anders sagt und damit die Wissenschaftssprache in die Grenzen ihres Funktionssystems zurückweist.« (SO III, 176 f.)

Diesen Gedanken, der gewiss auch als höfliche Schlusswendung gegenüber den ehrenwerten Mitgliedern der Deutschen Akademie für Sprache und Dichtung gemeint war, halte ich dennoch für recht attraktiv, zumal wir seit Friedrich Schlegels berühmtem Aufsatz *Über die Unverständlichkeit* wissen, dass literarische Sprechweisen durch ihre besonderen Formen – damals waren es die als neu empfundenen Ironien – in der Lage sind, Barrieren gegen eine allzu vordergründige Zugänglichkeit aufzubauen. Die Zurückweisung der Wissenschaftssprache in ihre Grenzen bedeutet darum gerade nicht ihre pastorale Übersetzung ins Allgemeinverständliche, sondern die bewusste Verwendung einer anderen Diskursform, die das Verhältnis von Klarheit und Obskurität nach ihren eigenen Maßstäben, also auf jeden Fall anders, mischt.

Luhmanns Theoriesprache ist besser als ihr Ruf, weil ein erheblicher Teil ihrer Unzugänglichkeiten nicht seinem Unvermögen, sondern der Verfremdungsabsicht geschuldet ist. Die gegenteiligen Beispiele, in denen es sich um wirkliche Formulierungsmängel handelt, auf die man in seinen Büchern gelegentlich stößt, will ich meinen Lesern ersparen. Er selbst spricht von seinem Bemühen, «wenn es nicht zu zeitaufwendig wird – an der Formulierung zu basteln und auf die Rhythmik in Sätzen zu achten« (AW, 94). Der einschränkende Verweis auf den Zeitmangel ist ebenso realistisch wie in literarischen Kontexten unzulässig: Er macht deutlich, dass wir letztlich doch kühle Gelehrtenprosa mit gelegentlichen, meist paradoxal vorbereiteten Blitzeinschlägen der Formulierungskunst vor uns haben.

Die Abwehr, die sich dagegen richtet, ist im Grunde die gleiche, mit der es Adorno zu tun hatte. Seine Selbstverteidigung in *Wörter aus der Fremde* kann auch für Luhmann gelten: »Versuche der Formulierung, die, um die gemeinte Sache genau zu treffen, gegen das übliche Sprachgeplätscher schwimmen oder gar sich bemühen, verzweigtere gedankliche Zusammenhänge getreu im Gefüge der Syntax aufzufangen, erregen durch die Anstrengung, die sie zumuten, Wut.«[2] Meist jedoch eher Ratlosigkeit. Luhmanns Satz: »Es ist ganz gewiss nicht möglich, die Theoriesprache nach dem Konvoiprinzip zu fahren und auf das Verständnis des Letzten zu warten« (SO III, 176), verursachte bei einer literarisch hochgebildeten Journalistin, die dem Vortrag über das Unverständliche in der Deutschen Akademie für

Sprache und Dichtung zugehört hatte, folgende Reaktion: »Wieder fahre ich zusammen. Offenbar bin ich gemeint, ich und kein anderer im Saal, denn nun habe ich den Zusammenhang vollends verloren.«[3]

3. Drei Schlüsselbegriffe: System, Sinn, Autopoiesis

»Es gibt Systeme«

»Alle erkennenden Systeme operieren als reale Systeme in der realen Welt.«[4]

»Es gibt Systeme.« In dieser und anderen Variationen ist das eine der Grundthesen Luhmanns. Viele Leser Luhmanns waren dadurch konsterniert: Hatten sie sich doch gerade mit viel Mühe und gegen ihr Alltagsverständnis an eines der Grunddogmen der Systemtheorie gewöhnt, dass Systeme nichts weiter sein sollen als Konstruktionen unseres Verstandes. Genau das bezweifelt Luhmann. »Der Systembegriff steht (im Sprachgebrauch unserer Untersuchungen) immer für einen realen Sachverhalt. Wir meinen mit ›System‹ also nie ein nur analytisches System, eine bloße gedankliche Konstruktion, ein bloßes Modell.« (SY 599) Hinzu kommt, dass auch der Vorgang des Beobachtens ein realer Vorgang ist, der seinerseits als Faktum genommen und beschrieben werden kann. Luhmann akzeptiert also nicht mehr den traditionellen Dualismus von Beobachter und Gegenstand, weil er immer auch die Beobachtung des Beobachters selbst, also die Beobachtung zweiter Ordnung in seine Theorie integriert.

Der Gewinn dieser Umdefinition besteht darin, dass er damit die laufende und seiner Ansicht nach unergiebige Kontroverse zwischen Realismus und Konstruktivismus auflösen oder wenigstens umgehen kann. Der Realismus glaubt an die Realität der Außenwelt, der Konstruktivismus hält sie für ein Produkt unseres Wahrnehmungsvermögens. Luhmann stellt sich jenseits beider Positionen und erklärt auch die Operation des Sich-Beziehens auf etwas, des Referierens also, sei es auf die Außenwelt, sei es auf Elemente unseres Wahrnehmungsvermögens, zu einer realen Operation. Real ist dann nicht mehr nur der Gegenstand, auf den man sich bezieht, sondern auch der Vorgang des Referierens. »Allerdings genügt es nicht, dann bloß auf die Gegenposition überzuwechseln und sich an die Realität der referierenden Operation zu halten. Denn diese ist für sich selbst unzugänglich, und sie wäre für einen Beobachter wiederum nur als etwas referierbar, was er bezeichnet. So kommt man nur zu der bereits laufenden Kontroverse zwischen Realismus und Konstruktivismus – so als ob es sich um inkompatible Positionen handelte.« (WG 706)

Hier haben wir es mit dem berühmten »blinden Fleck« des Beobachtens zu tun. Damit ist gemeint, dass eine Unterscheidung, die zum Zweck des Beobachtens getroffen wird, sich nicht wieder selbst beobachten kann. »Die Unterscheidung wahr/unwahr kann nicht selber nur entweder wahr oder unwahr sein; sie kann sich nicht selbst beobachten; sie ist ihr eigener blinder Fleck.« (WG 520)[5] Oder anders ausgedrückt: Die eigene Unterscheidung benutzt das Beobachten als blinden Fleck. Das gilt auch, wenn man die Ebene wechselt und nun das Beobachten beobachtet. Die Unterscheidung, die es dabei anwendet, ist dann ebenfalls nicht im Blickfeld. Auf der operativen Ebene muss auch dieses Beobachten zweiter Ordnung im Grunde naiv verfahren, weil es die eigene Referenz nicht zugleich kritisch betrachten kann. Es gibt in Luhmanns Denken »keine Reflexivitätshierarchien« (WG 85). Blinder Fleck und operative Naivität sind die beiden charakteristischen Kennzeichen jener an sich recht einfachen »Startoperation« namens Beobachten.

Um Luhmanns Denken richtig einschätzen zu können, ist es

wichtig, sich dieser Einfachheit klar zu werden.[6] Da Luhmann die Selbstbeobachtung des Beobachters als Reflexion kennzeichnet und da er gelegentlich gern Hegel zitiert, soll der entscheidende Unterschied zu dessen Ansatz hier wenigstens kurz benannt werden: Luhmann hält es für einen Grundirrtum aller subjekttheoretischen Denkansätze (und damit auch Hegels), dem Beobachten zweiter Ordnung eine hierarchisch höhere Position zuzubilligen. »Systemtheoretisch kann es nur um die Frage gehen, ob der Beobachter im unmittelbaren Realitätsbezug ein Ding (Begriff, Symbol etc.) vor Augen hat oder einen Beobachter, der seinerseits über eine Grenze hinweg das beobachtet, was für ihn Umwelt ist.« (WG 86) Eine Hierarchie der Reflexionsebenen kann auf diese Weise nicht zustande kommen. Die Möglichkeit, einen Beobachter zu beobachten, ist immer gegeben. Man muss ihn dann allerdings von etwas unterscheiden und damit eine andere Unterscheidung verwenden als dieser selbst. Jeder nimmt also an dem Beobachtungsspiel teil, jedenfalls wenn und solange er beobachtet; es gibt keine Außenposition. Diese Überlegung Luhmanns trifft sich mit der Einsicht des chilenischen Neurobiologen Humberto Maturana, »daß es im Vollzug des Wahrnehmens nicht möglich ist, zwischen Realitätsbezug und Illusion zu unterscheiden«[7].

Wenn es kein Außen gibt und keinen höheren Standpunkt, wo liegt dann der Ausgangspunkt des Erkennens? Luhmann macht hierzu den Vorschlag, mit einer Unterscheidung zu beginnen, nämlich mit der Differenz von aktual Gegebenem und dem Möglichen. Durch diese Grunddifferenz bekommt alles Erleben einen Informationswert. Sie ermöglicht die Zuordnung von Sinn zu der ansonsten unstrukturierten Mannigfaltigkeit der Erscheinungen. »Am Anfang steht also nicht Identität, sondern Differenz. Nur das macht es möglich, Zufällen Informationswert zu geben und damit Ordnung aufzubauen; denn Information ist nichts anderes als ein Ereignis, das eine Verknüpfung von Differenzen bewirkt – a difference that makes a difference.« (SY 112)[8]

Sinn

»Sinn ist ein Operationsmodus spezifischer Systeme, nämlich des Bewußtseins und des Gesellschaftssystems, und kommt außerhalb dieser Systeme [...] nicht vor.« (WG 306)

»Sinn« ist für Luhmann der Grundbegriff der Soziologie. Schon in seiner Debatte mit Habermas Anfang der Siebzigerjahre hatte er diesem Thema einen wichtigen Aufsatz gewidmet.[9] Der Sinnbegriff wird in der Theoriekonstruktion außerordentlich hochrangig eingesetzt. »Es ist nicht die Eigenschaft einer besonderen Art von Lebewesen, es ist der Verweisungsreichtum von Sinn, der es möglich macht, Gesellschaftssysteme zu bilden, durch die Menschen Bewußtsein haben und leben können.« (SY 297 f.)

Der Begriff »Sinn« gilt sowohl für psychische als auch für soziale Systeme. Er ist dadurch besonders leistungsfähig, weil er ihre gegenseitige Durchdringung begrifflich darzustellen vermag und damit sowohl das »Zurückrechnen der Kommunikation auf das Bewußtsein der Beteiligten« (SY 297) ermöglicht als auch die Betrachtung der Kommunikationsprozesse in ihrer selbstständigen Entwicklung. »Sinn« ist kein Begriff, der einen bestimmten, tatsächlichen Sachverhalt bezeichnet, er meint vielmehr die Ordnungsform menschlichen Erlebens. (HL 32) Er wird also funktional aufgefasst. Unser Erleben ist durch eine Art »Überfülle des Möglichen« gekennzeichnet. Es muss durch ein Programm zur Steuerung der Auswahl strukturiert werden. Dazu dient das, was man »Sinn« zu nennen sich angewöhnt hat.

Erleben und Handeln sind Selektion durch die Zuschreibung

von Sinnkriterien. Dabei wird das nicht Ausgewählte nicht zum Verschwinden gebracht, sondern als unbestimmte Mannigfaltigkeit, als *Welt* erhalten – möglicherweise für zukünftige Selektionen nach etwas veränderten Sinnkriterien. Die Auswahl nach Sinngesichtspunkten ist eine wichtige evolutionäre Errungenschaft. »Nicht alle Systeme verarbeiten Komplexität und Selbstreferenz in der Form von Sinn; aber für die, die dies tun, gibt es nur diese Möglichkeit.« (SY 95) Das sind personale und soziale Systeme.

So wie Luhmann ihn versteht, stellt der Sinnbegriff »eine unnegierbare, differenzlose Kategorie« (SY 96) dar. Die übliche Rede von der Sinnlosigkeit ist in diesem Modell dann allerdings schwieriger unterzubringen: »Sinnlosigkeit ist ein Spezialphänomen, es ist überhaupt nur im Bereich der Zeichen möglich und besteht in einer Verwirrung von Zeichen. Ein Durcheinanderbringen von Objekten ist niemals sinnlos, ein Trümmerhaufen zum Beispiel ist sofort als solcher erkennbar, und zumeist sieht man auch gleich mit, ob er auf Alter oder Erdbeben oder ›Feindeinwirkung‹ zurückzuführen ist.« (SY 96f.) In der Alltagsrhetorik spricht man gern von der »sinnlosen Zerstörung«. Der Begriff »Trümmerhaufen« ist aber eine Sinnzuweisung, an die beliebige weitere angeschlossen werden können, bis hin zu den empörtesten Schuldzuweisungen an den Feind, an sich selbst oder den Krieg als solchen.

Es muss dringend davor gewarnt werden, diese beiden Begriffsverwendungen durcheinanderzubringen. In Luhmanns Theorie meint »Sinn« die Bedeutung, die irgend etwas für einen Beobachter hat. Der Sinnbegriff, der gemeint ist, wenn von der Sinnlosigkeit die Rede ist, meint demgegenüber den Lebenssinn. Der gemeinte Verlust ist ein Wertverlust.[10] Ein Wertverlust kann nun nach Luhmanns Kategorien durchaus einen Sinn haben. Es handelt sich um zwei verschiedene Dinge, die unglücklicherweise durch das gleiche Wort bezeichnet werden. Es ist ein Denkfehler, eine klassische Äquivokation der Logik, aus der Unmöglichkeit des einen Sinnverlusts auf die Unmöglichkeit auch des anderen zu schließen. Leider ist auch Luhmann von diesem Fehler nicht ganz frei. Er argumentiert tatsächlich mit seinem speziellen Sinnbegriff gegen die allgemeine Rede vom »Sinnverlust« in der modernen Gesellschaft: »Besonders ›Sinnverlust‹ ist heute eine Formel, mit der Erfahrbares in die Selbstbeschreibung der Gesellschaft eingearbeitet wird. Aber Sinn ist nach wie vor unvermeidliche Form des Erlebens und Handelns. Ohne Sinn würde die Gesellschaft, würde jedes Sozialsystem schlicht aufhören zu existieren. Was gemeint ist, wird durch diese Formel nicht zutreffend bezeichnet, sondern übersteigert, um die Gesellschaft für schuldig erklären zu können.« (SY 587) Gelegentlich stößt man bei Luhmann auf einen solchen Fall, wo »die Schärfe der Begriffsbestimmung [...] zu wünschen übrig läßt«[11]. Das liegt an seiner Neigung zu schnellen, nur anreißenden, oft nicht ausgearbeiteten Definitionen.[12]

Autopoiesis

> »Daß das theoretische Konzept der Autopoiesis sozialer Systeme, mehr als erwartet, Aufmerksamkeit findet, liegt [...] vor allem aber wohl daran, daß es gegenwärtig in dieser Anspruchslage kaum konkurrierende Theorieangebote gibt.«[13]

Neben »System« und »Sinn« ist »Autopoiesis« der dritte Schlüsselbegriff Luhmanns, den ich wegen seines Querschnittscharakters vorab erläutern möchte. Der Begriff ist ein im Kreis des Kognitionsbiologen Humberto Maturana geprägtes Kunstwort aus griechisch »autos« (selbst) und »poiesis« (Schöpfung, Dichtung), das man notfalls mit »Selbstschöpfung« oder »Selbsterzeugung« übersetzen könnte. Warum man aber besser auf eine Übersetzung verzichtet, wird gleich deutlich werden.

Lebende Systeme wie zum Beispiel die Körperzellen gehören zu den autopoietischen Systemen. Eine Zelle

> »produziert als arbeitsteiliges Netzwerk die spezifischen Bestandteile (komplexe organische Moleküle), aus denen sie besteht. Gleichzeitig ermöglichen die Zellbestandteile erst die Existenz des durch eine ›Grenze‹ (die Zellmembran) von der Umwelt abgegrenzten Produktionsnetzwerks. Alle Prozesse im Zellinneren sind auf die Selbsterzeugung und Existenzerhaltung der Zelle hin ausgerichtet, also auf die Fortdauer der Autopoiese. Die Zelle hat eine starke Eigendynamik, denn die im Zellinneren ablaufenden Prozesse sind durch die Interaktionen der Elemente untereinander bedingt (= Rekursivität). Umwelteinwirkungen stören (›perturbieren‹) die Zelle lediglich und führen zu Ausgleichsreaktionen. Das Milieu (Umwelt) benötigen Lebewesen, um Nahrung bzw. Energie aufzunehmen beziehungsweise um Abfallstoffe in die Umwelt abzugeben, aber sie passen sich nicht an sie an.« [14]

Im Unterschied zu den lebenden Systemen sind z.B. Maschinen keine autopoietischen Systeme, weil sie nicht auf den Aufbau und die Erhaltung ihrer eigenen Struktur, sondern auf die Herstellung eines Produkts, also auf etwas anderes ausgerichtet sind. Sowohl Maschinen als auch Zellen haben einen Input aus der Umwelt und einen Output in sie hinein. »Autopoiesis« meint also nicht, wie man bei der Übersetzung »Selbstschöpfung« leicht glauben könnte, eine Selbsterschaffung aus dem Nichts. Genutzt wird der Begriff vielmehr zur Beschreibung eines Systems, das von seiner Eigendynamik her auf seine Fortsetzung ausgerichtet ist.

Luhmanns *Soziale Systeme* ist der Versuch, diesen Begriff in die Soziologie zu übernehmen. Man kann geradezu von einer

»autopoietischen Wende« in seiner Theorie sprechen, die sich Ende der Siebzigerjahre angebahnt hat und die seit ca. 1980 immer deutlicher sichtbar geworden ist.[15] Luhmann selbst spricht von einem Paradigmawechsel in der Systemtheorie. (SY 15 ff.) Ursprünglich waren Systemtheorien von der Unterscheidung zwischen Teil und Ganzem ausgegangen. Das zweite große Paradigma systemtheoretischen Denkens war die Unterscheidung von System und Umwelt. Luhmann versucht nun, ein drittes Paradigma, das autopoietische, zu begründen.

4. Liebe als Passion: Ein Modellentwurf historischer Soziologie

»Die Führung der Liebenden geht vom Roman über auf die Psychotherapeuten.« (LP 218)

Luhmanns Buch über die Liebe ist sein meistverkauftes Werk geworden – nach den Maßstäben des Suhrkamp Verlags ein Bestseller. Dabei ist es keineswegs leicht lesbar. Keines der zahlreichen französischen Zitate wurde ins Deutsche übersetzt. Es handelt sich zudem um kein Einzelprojekt, sondern es steht im Rahmen eines größeren Untersuchungszusammenhangs, in dem die Veränderungen der Semantik im Übergang von traditionellen zu modernen Gesellschaftsformen behandelt werden. Dieses Großprojekt ist seit 1980 auf vier Bände mit dem Obertitel *Gesellschaftsstruktur und Semantik* kontinuierlich angewachsen. Über den Begriff »Semantik« war Luhmann nicht ganz glücklich. Er meinte nämlich nicht den Begriff der linguistischen Zeichenanalyse, sondern die »historisch-politische Semantik«, wie sie etwa das im Umkreis von Reinhart Koselleck entstandene Lexikon *Geschichtliche Grundbegriffe* beschreibt.[16] Er wollte allerdings über die Beschreibung hinauskommen zu einer soziologischen Analyse.

Die Semantik einer Gesellschaft ist in Luhmanns Verständnis die Gesamtheit jener Formen, mit denen Sinn typisiert und je nach Bedarf zeitlich, sachlich und sozial generalisiert wird. Ohne diese Typisierung »wäre Sinn, wo er auftaucht, zunächst unterbestimmt, unverständlich, unkommunikabel« (GS I, 18). Es geht um die Untersuchung der evolutionären Transformation von Wortkleidern, Floskeln, Weisheiten und Erfahrungssätzen, deren äußere Gestalt dabei durchaus konstant bleiben kann. Was sich verändert, ist aber ihr Sinn. »Es verlagert sich der Schwerpunkt, von dem aus Sinnkomplexe Operationen steuern.« (LP 9) Zu den Vorurteilen, die systemtheoretische Bemühungen von Anfang an begleitet haben, gehört die Behauptung, sie seien zu einer historischen Akzentuierung nicht fähig. Man kann an Luhmanns Arbeiten über die historisch gepflegten Semantiken studieren, wie er seinen Sinnbegriff am historischen Material konkretisiert und damit besonders in dem Buch über die Liebe geradezu eine Art Kabinettstück einer *historischen Soziologie* schreibt, das als eindrucksvolle Widerlegung dieses Vorurteils gelten kann. Er ist ein Geschichtsschreiber nicht von Ereignissen und Tatsachen, sondern von Sinnbewegungen. In der Vorgehensweise und in der Technik der Materialauswahl zeigt sich eine ausgeprägte Verwandtschaft zu Norbert Elias' berühmten Studien über den *Prozeß der Zivilisation*[17], denen er allerdings vorwirft, dass ihre theoretischen Ansprüche nicht genügend hoch gesteckt seien. Wer das Buch über die Liebe gelesen hat, weiß, was ihn in den übrigen Semantikstudien erwartet. Deshalb kann es hier als exemplarischer Fall dargestellt werden.

Mit dem Vorspann wird die Perspektive Luhmanns deutlich: Er behandelt Liebe natürlich nicht (»oder nur abglanzweise«, LP 9) als Gefühl, sondern als symbolischen Code. Besondere Sprechweisen, eben Liebessemantiken, werden entwickelt, die es überhaupt erst erlauben, entsprechende Gefühle auszudrücken. Neben dem Ausdruck geben solche Semantiken den Gefühlen auch die spezielle Formung, ja in vielen Fällen ermutigen sie sie überhaupt erst. In der belletristischen Literatur über die Liebe sind diese Dinge durchaus geläufig. Luhmanns Rede von den Codes hat die Funktion, die Liebescodes durch Abstraktion mit anderen vergleichbar zu machen, z.B. mit solchen von Macht, Geld oder Wahrheit. Er möchte »Abstraktionsgewinne« erzielen, weil seine Arbeitserfahrung ist, »daß nur sehr abstrakte und komplex gebaute Theorien historisches Material zum Sprechen bringen können. Der Weg zum Konkreten erfordert den Umweg über die Abstraktion.« (LP 10)

Das Material, auf das Luhmann sich stützt, sind die Romane, Traktate und Maximenschriften vor allem aus dem 17. und 18. Jahrhundert. Besonders Romane sind ja wichtige Lern- und Orientierungsfaktoren in Liebesangelegenheiten geworden. Er benutzt in erster Linie die zweit- und drittrangige Literatur. Der Grund dafür dürfte sein, dass in diesen Fällen der Zwang, sich mit einer Rezeptionsgeschichte und einer umfangreichen Sekundärliteratur auseinanderzusetzen, entfällt und so in gewisser Weise ein direkterer Zugriff auf die damaligen Sprechweisen möglich ist. Außerdem kann man mit solchen Texten freier schalten und umspringen als mit den Klassikern. Dennoch ist es schade, dass Luhmann die Memoiren Giacomo Casanovas nicht in seine Untersuchung einbezieht. Gesichtspunkte der literarischen Wertung haben im Übrigen zwar nicht die Text-, wohl aber die Zitatenauswahl gesteuert. Hier hat er bewusst ein »unsachliches Prinzip« (LP 12) angewendet: nämlich die sprachliche Eleganz der Formulierung. Nicht zuletzt wegen dieser Zitatenkollektion dürfte *Liebe als Passion* Luhmanns schönstes Buch sein.

Er betrachtet Liebe als symbolisch generalisiertes Kommunikationsmedium. Wenn man von Medien spricht, meint man meist nur die Massenmedien, allenfalls noch Sprache und Schrift als Medien der Kommunikation. Talcott Parsons hat in die Soziologie die Idee eingeführt, dass auch soziale Systeme über ganz analog zu denkende Medien funktionieren. Parsons nennt Geld für das Wirtschaftssystem, Macht für das politische System, Einfluss für das System der sozialen Integration und Wertbindung für das System der Erhaltung von Strukturmustern. Luhmann fügt für das Wissenschaftssystem Wahrheit und für den Bereich von Intimbeziehungen Liebe hinzu.[18] Die symbolisch generalisierten Kommunikationsmedien sind semantische Einrichtungen, »die es ermöglichen, an sich unwahrscheinlichen Kommunikationen trotzdem Erfolg zu verschaffen« (LP 21). Luhmanns methodischer Ansatz, das, was erklärt werden soll, zunächst einmal als unwahrscheinlich zu betrachten, hat in diesem Bereich eine besondere Berechtigung: »Die Ehen werden im Himmel geschlossen, im Auto gehen sie auseinander.« (LP 42)[19]

Wie bei Luhmann nicht anders zu erwarten, wird der Liebesbegriff als Differenz von höchstpersönlichen, intimen Sozialbeziehungen auf der einen Seite und unpersönlichen, extern motivierten auf der anderen Seite bestimmt. Eine solche Differenzerfahrung, die jeder an seinen eigenen Sozialbeziehungen machen kann, ist aber nur möglich, wenn dafür ein besonderer Code vorhanden ist. Luhmann vertritt die These, dass ein »von Kommunikationsformen unabhängiger Bestand an Affekten und Emotionen kaum feststellbar sein dürfte« (LP 49). Einen anthropologisch gegebenen Bedarf an Liebe nimmt er nicht an, so selbstverständlich etwa Sexualität als Grundvoraussetzung genommen werden muss. Aber sie ist eben nur eine Voraussetzung und sagt ziemlich wenig über die Formendifferenzierung auf der Ebene des Gesellschaftssystems und seiner Evolution. Auch die Motive, aus denen man sich verliebt, entstehen »nicht unabhängig von der Semantik, die ihre Möglichkeit, Verständlichkeit, Erfüllbarkeit beschreibt. [...] Sie sind selbst ein Artefakt soziokultureller Evolution. Das Wagnis Liebe und die entsprechend komplizierte, anforderungsreiche Alltagsorientierung ist nur möglich, wenn man sich dabei auf kulturelle Überlieferungen, literarische Vorlagen, überzeugungskräftige Sprachmuster und Situationsbilder, kurz: auf eine tradierte Semantik stützen kann.« (LP 47)

Anspruchsvolle, allgemein funktionierende Semantiken entstehen erst auf einer gesellschaftlichen Entwicklungsstufe, auf der die Kommunikationstechniken es ermöglichen, nicht nur unter den jeweils Anwesenden zu kommunizieren, sondern auch mit Nichtanwesenden und in noch nicht genau vorhersagbaren Situationen, d.h. vor allem mittels der Schrift und später des Buchdrucks. (SO III, 29) Ein die Komplexität und die Anforderungen steigernder Evolutionsablauf setzt voraus, dass die Spezialsemantik der Liebesbeziehungen sich ausdifferenziert.

Die großen Linien der Liebesevolution seit dem 17. Jahrhundert laufen von der Idealisierung, einem Erbe der höfischen Liebe des Mittelalters, zur Paradoxierung, und gehen dann um 1800 zur romantischen Liebe mit ihrer Reflexion von Autonomie bzw. Selbstreflexion über. Schließlich wird es zur Funktion des Liebescodes, Problemorientierung im Alltag zu ermöglichen. Auf jeder dieser Ebenen wechselt die Begründung, warum man jemanden liebt. Solange es um ein Ideal ging, wurde sie im Objekt der Liebe gesucht. Als man zu paradoxalen Codierungsformen überging, konnte man die Vorzüge des Objekts durch die Imagination ersetzen. Im Zeitalter der Autonomie reichte zur Begründung dann die unerklärliche Tatsache, dass man liebt. »Als selbstreferentieller Kommunikationszusammenhang rechtfertigt die Liebe sich selbst. Die Schönheit der Geliebten zum Beispiel ist jetzt nicht mehr notwendiger Tatbestand, auch nicht notwendige Einbildung, sie ist nicht mehr ein Grund, sondern für die Liebenden selbst eine Folge der Liebe.« (LP 52)

Die hochkomplexen Sondercodes für Liebe bleiben, »wie Hochformen schlechthin, der Oberschicht, zunächst also dem Adel vorbehalten« (LP 54). Nur dort hat man genügend Muße – die übrigen müssen arbeiten. Die gesamtgesellschaftliche Evolution drängt aber mit der Erosion der Adelsgesellschaft und der Ersetzung der Schichtendifferenzierung durch moderne Formen funktionaler Differenzierung zur Einbeziehung immer weiterer Bevölkerungskreise auch in die Entwicklung der Liebessemantik. Das erzwingt einige Änderungen: »Einerseits muß Besonderes, muß Unwahrscheinliches ermöglicht werden, andererseits muß genau dies für jedermann erreichbar sein.« (LP 55) In der bürgerlichen Liebesliteratur beginnt man auf moralischen Gefühlen zu insistieren, »Liebe wird auf Freundschaft zurückgetrimmt« (LP 55), die romantische Liebe zu einer Art Ehevoraussetzung gemacht. Puritanische Formen von Kameradschaftsehe und die weitgehende Verdrängung der Sexualität im viktorianischen England haben diesen Evolutionszweig in einsame Höhen getrieben. Heute allerdings hält man das in der sexualberatenden Fachliteratur für einen kaum noch zu begreifenden Irrweg und pflegt stattdessen teils »eine klinisch-therapeutische Bemühung um orgasmische Vollbefriedigung«, teils die Semantik des Sportes und des Körperaktivismus mit Training, Fair play und allem, was dazugehört. (LP 203 f.) Das sind die Grundlinien, wenn auch natürlich »die Geschichte selbst« (LP 56) mit ihren Redundanzen, Überschüssen, Traditionen und Variationen ein sehr viel komplexeres Bild ergibt, das Luhmann dann auch gern mit einer dem Thema angemessenen Detailverliebtheit nachzeichnet.

Der interessanteste Punkt in seiner Studie ist gewiss die Entwicklung der Liebe zur Passion. »›Passion‹ meint ursprünglich einen Seelenzustand, in dem man sich passiv leidend und nicht aktiv wirkend vorfindet.« (LP 73) Man kann nichts dafür, wenn man liebt. Die Herausbildung und gesellschaftliche Akzeptanz dieser Haltung (die ja nicht selbstverständlich ist – Luhmann verweist auf den Jäger, dessen Passion keine ausreichende Entschuldigung ist, wenn er aus Versehen eine Kuh erschießt) waren die ideale Voraussetzung dafür, dass Liebe eine Ausdifferenzierung und Sonderbehandlung erfuhr und so einen eigenen Code entwickeln konnte, der seine Unabhängigkeit von anderen Funktionsbereichen wirkungsvoll deklarieren konnte. In der zweiten Hälfte des 17. Jahrhunderts wandelte sich dann die Vorstellung vom passiven Erleiden zu einem positiven Zustand, der aktiv herbeigeführt werden konnte und schließlich sogar als stark bewertete Bedingung dafür angesehen wurde, dass die Liebe echt war. Die Überlagerung der beiden Momente des Begriffs führte zu interessanten Paradoxien. Nach der passiven Vorstellung war Liebe Identitätsverlust und Selbstentfremdung. Wenn aber diese Formen von Hingabe aktiv gefordert wurden, entstanden erobernde Selbstunterwerfung, erwünschtes Leiden, sehende Blindheit, bevorzugte Krankheit, schönes Gefangensein, süßes Martyrium bis hin zu der Vorstellung, dass das vorgeschriebene und zu erwartende Maß der Liebe die Exzessivität, die Maßlosigkeit sein sollte. (LP 83)

Es gab sehr wohl »eine Kunst der Verführung, eine auf Erfahrung beruhende, aber auch lehrbare Technik des Exzesses« (LP 87). Dazu gehörte aber vor allem die Metaregel, nicht irgendwelchen Regeln zu folgen, sondern allein der Liebe selbst. Gerade die paradoxale Verkomplizierung solcher Verhaltensanforderungen ist eine Grundlage für ein hochentwickeltes Virtuosentum, ähnlich wie in jüngerer Zeit auf der Grundlage der Paradoxie »Sei spontan!« eine Raffinesse der Spontaneitätsvirtuosität entfaltet worden ist. Nach einer heute vorherrschenden Meinung erzeugen Paradoxien »double bind«, Schizophrenie oder andere pathologische Verhaltensweisen. Sie zerstören entweder die Persönlichkeit oder das soziale System. Luhmann denkt einen Schritt weiter, da die pathologischen Folgen ja keineswegs in allen Fällen auftreten. Zwar hält auch er die Paradoxien im Grundsatz für gefährlich – wie den elektrischen Strom.

Wenn es gelingt, sie abzuschirmen, können sie aber ungeheuer produktiv werden. Ein gutes Beispiel ist Adam Smiths Wirtschaftstheorie: Es ist gerade das eigennützige Verhalten, das die Ökonomie in Gang hält und dadurch der Allgemeinheit nützt. Für die Moraltheorie bleibt dieses Paradox der altruistischen Selbstsucht bestehen (und kann deshalb jederzeit kritisch aktualisiert werden), für die Wirtschaftstheorie verschwindet allerdings die Irritation, solange die Ökonomie selbst funktioniert.

Auf die Liebe lässt sich diese Lösung nicht übertragen, weil hier zwar eine Sondersemantik, jedoch kein eigenes, von Paradoxien weitgehend gereinigtes System ausgebildet wird. Im Gegenteil: Diese werden ständig verwendet. Man liebt sich gegenseitig, aber auf keinen Fall soll Liebe ein Tauschverhältnis sein. Man kann dadurch das am Code orientierte Verhalten als völlig frei und gleichzeitig vom anderen erzeugt begreifen. Wie ist das auf Dauer aushaltbar? »An suggestiven Lösungsvorschlägen fehlt es nicht. Die Klassik hatte [...] die Rationalität der gepflegten Irrationalität angeboten, die Romantik das Konzept der Ironie und den Gedanken des Steigerungswertes der Unaufrichtigkeit. Das waren jedoch zu anspruchsvolle (und in jedem Falle: nur schichtspezifisch verwendbare) Formen. Was sich durchgesetzt hat, scheint eher eine Art Trivialisierung des Paradoxes zu sein. Die Semantik der Liebe kann jedem die Worte und Gefühle liefern, die er abrufen möchte. Sie setzt flexibles Verhalten frei [...].« (LP 70)

Luhmann zeigt sehr schön, wie die literarische Steigerung der Liebe zur Passion das Eingehen der Ehe als Verderben, als Bruch mit der wahren Liebe verdammen muss. Die Adressaten dieser Bücher waren Verheiratete, und es kam ihnen wohl weniger auf eine Kritik der Institution Ehe als auf die darstellerische Betonung des Unterschieds von Liebe und Ehe an. Für die Ehe muss ein anderer, weniger paradoxaler Code gelten, der sich auf

Dauer und Ruhe ausrichtet. Im ganzen 18. Jahrhundert gab es Bemühungen, Übergangsformen im Kult der Freundschaft zu finden. Letztlich hat sich aber die Liebe und nicht die Freundschaft als Code für Intimität durchgesetzt. Vielleicht lag es nur am »Störproblem der Sexualität« (LP 104), vielleicht daran, dass die Freundschaft sich schon wegen ihrer Tugendbesessenheit nicht zur Ausdifferenzierung eines eigenen Codes eignete.

Im Bereich der Sexualität haben sich ab etwa 1760 wichtige Veränderungen ergeben. Dazu trugen ein Natur- und ein Vernunftbegriff bei, die es beide ermöglichten, leidenschaftliche Liebe aus den Fesseln der Gesellschaft zu lösen: »Liebe zu dritt, Rollentausch, freie Disposition über den eigenen Körper, Inzest – was immer die Zustimmung des Partners findet, ist erlaubt; und die Vernunft kann nur noch verbieten, was anderen schadet.« (LP 122) Gleichzeitig konnte man seine Passion als Natur darstellen und z.B. den Inzest als »zunächst gut und erst dann in der gesellschaftlichen Beurteilung schändlich« (LP 139) ansehen. Mit Bertrand Russell meint Luhmann, dass von diesem Zeitpunkt an die Gegenbewegung einsetzte gegen den Sieg der Christen und Barbaren, die »die Sexualkultur der alten Welt zunächst zerstört und das Sexualleben auf die Ebene des Tierischen heruntergebracht« (LP 140) hatten. Vor allem die französischen Oberschichten dieser Zeit hatten hier die Avantgarderolle. Liebe, Sexualität und sogar Ehe wurden enger aneinandergerückt – die Freundschaftssemantik hatte vor allem wegen dieser Aufwertung der Sexualität keine dauerhafte Durchsetzungschance.

Hinzu kommt, dass Freundschaft zu mehreren möglich ist, während es aber als ausgemacht gilt, »daß man nur eine Person zur gleichen Zeit wirklich lieben könne« (LP 123). Rein logisch wäre diese Einschränkung nicht unbedingt nötig, denn entscheidende Momente des Codes passionierter Liebe wie das Gebot des Exzesses, die Verpflichtung, immer zu lieben, und die Stimulierung durch Schönheit sprechen eher für das Gegenteil. Warum hat sich das Prinzip der Exklusivität trotzdem weitgehend durchgesetzt? Luhmann vermutet, dass »die Kasernierung der Sexualität in der Ehe« (LP 149), ähnlich wie die Kasernierung der körperlichen Gewalt durch Staat und Polizei, eine Art Voraussetzung für Höherentwicklung sei. Er meint offenbar, dass ungeregelte Liebesbeziehungen in alle Richtungen es verhindern würden, an die einzelne Beziehung höhere Ansprüche zu stellen, sodass eine stärkere kulturelle Ausformung erschwert würde. Diese Überlegungen sind bei ihm jedoch hochgradig spekulativ und erinnern an die Sublimierungstheorien Sigmund Freuds, die Luhmann allerdings für eine pseudowissenschaftliche Denkbemühung hielt, vergleichbar mit Goethes Farbenlehre, der Parapsychologie oder manchen überschießenden philosophischen Phantasien von Naturwissenschaftlern. (WG 573)

Auf verlässlicheren Boden gerät er erst wieder, wo er näher an seinem Quellenmaterial die Entdeckung der Inkommunikabilität als die wichtigste Entdeckung der Liebessemantik des 18. Jahrhunderts darstellt. Es geht dabei um mehr als um bloße Beschränkungen des sprachlichen Ausdrucksvermögens (das Stottern und Stammeln, in das Liebende geraten können), auch um mehr als Geheimhaltung oder Zeitmangel, der es nicht zulässt, alles mitzuteilen. Es sind nicht einmal Bereiche des Takts gemeint, in denen die Mitteilung an den Partner über dessen Kraft gehen könnte. »Es geht, sehr viel radikaler noch, um das Problem, ob es nicht, und zwar gerade in Intimbeziehungen, Sinn gibt, der dadurch zerstört wird, daß man ihn zum Gegenstand der Mitteilung macht.« (LP 155) Hier liegt eine der Ursachen für »die hohe Konfliktträchtigkeit von Intimbeziehungen« (SY 309), denn jegliche Mitteilung des Partners, auch eine rein sachlich gemeinte, wird bei der Intensität der Liebesansprüche auf die Intimbeziehung bezogen: Du liebst mich nicht mehr. Und wenn der Partner es wirklich bloß sachlich gemeint hat – um so schlimmer.

Luhmann greift hier auf die Differenz zwischen Information und Mitteilung zurück. Die Mitteilung könnte zum Beispiel lauten: »Da steht ein Halteverbotsschild!« Die Information, die der Empfänger je nach seiner Disposition und je nach dem, was vorangegangen ist, daraus selektiert, könnte ganz anders aussehen: »Du passt nicht richtig auf! Ich sage dir deshalb, wo es langgeht! Überhaupt bist du unfähig zum Autofahren« usw. usw. Intimität verschärft diese Situation deshalb, weil man sich zu gut kennt und weil man nicht ausweichen kann. »Unter der Bedingung von Intimität hat jede Kommunikation einen Personbezug und trägt die Erwartung in sich, daß auch dies jeweils mitgesehen, mitberücksichtigt, mitverantwortet wird. Ein Versuch, dem auszuweichen, würde ebenso wie alles andere diesem eisernen Gesetz der Zurechnung folgen.« (LP 157) Und wenn jemand mit solchen Situationen geschickter umgehen kann als andere, dann liegt der Verdacht nahe, dass er nicht wirklich liebt.

Es ist beeindruckend, welch ein reichhaltiges Potenzial an Versuchen, mit solchen Situationen zurechtzukommen, vor allem die Briefromane des 18. Jahrhunderts bereitstellen. Spielerische Handhabung, Ironie, Zynismus und Paradoxien gehören dazu. »Man sieht den Kommunikationsfehler, und man übernimmt ihn als Form in die Kommunikation. Um ihn zu vermeiden, begeht man ihn bewußt.« (LP 157) Literaturgeschichtlich folgte auf die Erfahrung der Inkommunikabilität die Romantik, die darauf beruht, »daß Autor und Leser einander zumuten (und voneinander wissen, daß sie einander zumuten), daß die Inszenierung, obwohl sie Welt bedeuten soll, nicht ernst zu nehmen sei« (LP 161).

Diese romantische Formgebung war so etwas wie ein vorläufiger Abschluss in der Evolution der Liebessemantik. Sie kam nicht in Frankreich, sondern in Deutschland zustande. Wirklich eindeutige Muster lassen sich hier nicht ausmachen, keine Leitdifferenz hat sich durchsetzen können: »Sie gelten alle, und das durchgehende Resultat ist zunächst nur eine Steigerung des Selbstwertgefühls der (lesenden) Frauen.« (LP 171) Vorübergehend wirkt die Semantik der Intimität wie ein strukturiertes Chaos. In der Liebe scheint es nur noch um das Verhältnis von Individuen zueinander zu gehen. Man nimmt zwar keine objektiven, die Liebe begründenden Eigenschaften wie Reichtum, Jugend, Schönheit, Tugend mehr an, aber dafür glaubt man offenbar an eine um so ausgebildetere Individualität. (LP 174 f.) Wohl vor allem deshalb leistet die Romantik keine wirkliche Demokratisierung der Liebe. »Mit ›romantischer Ironie‹ zu lieben, das ist nicht für Arbeiter oder Dienstmädchen gedacht. Ohne schichtspezifisch ausgeflaggt zu sein, ist der Universalismus der romantischen Liebe (wie der bürgerliche Universalismus Europas überhaupt) in den vorausgesetzten Einstellungen eine hochselektive Idee.« (LP 175 f.)

Dennoch ist die romantische Liebe modern, weil sie die selbstzentrierte Individualität zum Prinzip macht. Das alte Prinzip der Ehe ging davon aus, dass nach der Eheschließung Zuneigung und Liebe schon irgendwie folgen würden. Seit der Ausdifferenzierung und Zuspitzung der Liebessemantik in der von Luhmann analysierten Umbruchphase werden aber viel höhere Anforderungen sowohl an die Intensität der zwischenmenschlichen Interaktion als auch an die Möglichkeit gestellt, dabei seine eigene Individualität zu vervollkommnen und zu verwirklichen. Die Vermutung, dass diese Ansprüche zu hoch sein könnten und dass deshalb immer mehr Menschen lieber allein bleiben, liegt nahe. Zuerst hatten Chicagoer Soziologen des zwanzigsten

Jahrhunderts dieses Problem der Überforderung durch die geltende Liebessemantik in den Blick genommen. Ihre Antwort lautete einfach: »falsch programmiert. Die romantische Liebe bekomme den Ehen nicht.« (LP 199) Das vertritt heute kaum jemand mehr. Es ist gegenwärtig schlicht eine soziale Tatsache, dass die »Alternative des Abbrechens und Alleinbleibens« (LP 197) als Lebensplan ernst genommen wird. Das ist übrigens auch die Diagnose von Ulrich Beck in seiner *Risikogesellschaft*.[20]

Vormoderne Gesellschaften ließen der Individualisierung wenig Spielraum. Die sozialen Kontrollen, aber auch die sozialen Bestätigungen und Rückversicherungen waren außerordentlich dicht. Nachdem sich die Intimbeziehungen als autonomer, auf sich selbst gestellter Bereich ausdifferenziert haben, wird der Außenhalt »abgebaut, die inneren Spannungen werden verschärft. Die Stabilität muß jetzt aus rein persönlichen Ressourcen heraus ermöglicht werden, und dies zugleich im Sicheinlassen auf den anderen!« (LP 198) Die Intimbeziehungen werden konfliktträchtiger. Luhmann zitiert eine amerikanische Studie, die die These enthält, dass die Konfliktgeneigtheit wächst, wenn die Partner ihre Beziehungen intensivieren. (LP 198, Anm. 4)

Die moderne Gesellschaft hat die Unterscheidung von persönlichen und unpersönlichen Beziehungen radikalisiert. Dadurch werden die persönlichen Beziehungen mit Erwartungen überlastet. Sie gehören zu den wenigen Bereichen, in denen sich so etwas wie ein Selbst noch stabilisieren kann. Heute spricht man nicht mehr vom transzendentalen Subjekt, sondern von der Identität. Damit ist nichts Ideales, sondern etwas Faktisches gemeint: »das, was als Leben konkret zusammengekommen ist und auf seinen Sinn hin begriffen sein möchte«. Die Probleme dieser Sinngebung belegen, »daß es in einer Gesellschaft mit überwiegend unpersönlichen Beziehungen schwierig geworden ist, den Punkt zu finden, in dem man sich selbst als Einheit erfahren und als Einheit wirken kann. Das Ich des Ichs ist nicht die Objektivität der Subjektivität im transzendental-theoretischen Sinne. Das Ich des Ichs ist das Resultat selbstselektiver Prozesse; und es ist gerade darum auf Mitselektion durch andere angewiesen [...]. Was man als Liebe sucht, was man in Intimbeziehungen sucht, wird somit in erster Linie dies sein: *Validierung der Selbstdarstellung*.« (LP 208)

Damit sind wir bei einer hochmodernen Form der Liebesparadoxie angelangt: Es geht nicht mehr um passionierte Exaltation, aber um neue gegenseitige Bestätigungen von Illusion und Realität. Die Liebenden müssen glauben, dass sie sich nicht nur deshalb bestätigen, weil sie sich lieben. Damit kommt eine hochgradig merkwürdige, heute jedoch überall verbreitete Semantik von Aufrichtigkeit ins Spiel. Diese Erscheinung kann Luhmann nur mit erheblicher Verwunderung registrieren, denn das Reflexionswissen einer dreihundertjährigen Literaturgeschichte über die Probleme der Aufrichtigkeit wird damit durch ziemlich schlichte und simple Rezeptbuchempfehlungen beiseite geschoben. Die Quellentexte für die heutige Liebessemantik sind nicht mehr die Romane, es sind vielmehr die einfältigen Traktate der Psychotherapeuten.

Mit ein paar knappen Fragen dekonstruiert Luhmann auf seine Weise den Aufrichtigkeitswahn: »Soll man aufrichtig sein auch in Stimmungslagen, die ständig wechseln? Soll der andere wie ein Thermometer an die eigene Temperatur angeschlossen werden? Vor allem aber: wie soll man jemandem gegenüber aufrichtig sein, der sich selbst gegenüber unaufrichtig ist? Und ist schließlich nicht jede Existenz eine unfundierte Projektion, ein Entwurf, der Stützen und Schutzzonen der Unaufrichtigkeit braucht? Kann man überhaupt eigene Aufrichtigkeit kommunizieren, ohne allein schon dadurch unaufrichtig zu werden?« (LP 211)

Hinzu kommen der heute schale Klang der Aufrichtigkeit und die Langeweile bei der detaillierten Ausbreitung psychischer Beschwerden. Diese Probleme des Begriffs hat wohl am besten Lionel Trilling im *Ende der Aufrichtigkeit* dargestellt.[21] Letztlich läuft der Aufrichtigkeitskult auf eine Allgegenwart des Therapeutischen hinaus. Diese »setzt die labile Gesundheit, die heilungsbedürftige Verfassung des Einzelnen an die Stelle der Liebe und entwickelt für Liebe dann nur noch die Vorstellung einer wechselseitigen Dauertherapierung auf der Basis einer unaufrichtigen Verständigung über die Aufrichtigkeit« (LP 211). Weit ab von jeder nüchternen Beschreibung hat sich Luhmann hier die »riesige therapeutische Industrie« (SY 458) mit ihren im Vergleich zur liebessemantischen Tradition flachen Lebensratschlägen als sein Feindbild ausgewählt. Luhmanns Kollege Ulrich Beck hat diese Kritik an der Authentizität in seine Studie über *Das ganz normale Chaos der Liebe* ohne Änderung übernehmen können. Nicht einmal Luhmanns polemische Bemerkungen gegen die Dauertherapierung hat er weggelassen. Die Analyse, die sich auf eine reiche literarisch-reflexive Tradition stützen kann, kann mittlerweile als Allgemeingut gelten.

Die Therapeutisierung von Sexualität hat noch einen zweiten fragwürdigen Zug: Die Betonung der Gleichheit der Geschlechter hat gegen die ursprünglich damit verbundene Absicht dazu geführt, dass die Unterschiede im Sexualerleben von Mann und Frau nicht recht zur Geltung kommen. »Die Betonung der Gleichheit hat, paradoxerweise, das Resultat, daß das Sexualgeschehen und die es abbildende Liebessemantik nach der Façon des Mannes interpretiert werden. Sein Sexualerleben und Verhalten hat den Vorzug der prägnanteren Gestalt, des spektakulären Geschehens, des deutlich sichtbaren Anfangs und Endes. Es eignet sich besser als Zugriffspunkt für orgasmuszentrierte Therapien.« (LP 204)

Rückblickend betrachtet erscheint der komplizierte Wandlungsprozess der Liebessemantik seit dem 17. Jahrhundert als eine Überleitungsphase, als ein Experimentieren mit verschiedenen Codierungen und Differenzierungen von »plaisir« und »amour«, Liebe und Ehe, Galanterie und Gefühl, auf deren Basis »Meisterleistungen der Semantik« wie freiwilliges Gefangensein, besonnene Leidenschaft und »careful carelessness« möglich waren. Heute hat sich eine klare, zweipolige Differenz zwischen Persönlichem und Unpersönlichem herausgebildet. Die Semantik ist dadurch vereinfacht, ja trivialisiert. »Aber das heißt natürlich nicht: daß das Lieben selbst einfacher würde.« (LP 215) Trotz solcher Wertungen wäre es aber übertrieben, zu glauben, dass Luhmann der Liebessemantik alter Zeiten nachtrauert. Was ihn stört und zu seinen kritischen Bemerkungen anregt, ist vielmehr der Verlust von Differenzierungsgewinnen, die sich im Evolutionsprozess schon ergeben hatten. Als Soziologe sieht er indessen die Unausweichlichkeit der Wandlungen. Passion und Exzess, die einst die Funktion hatten, die Liebe als einen selbstständigen, vom eigenen Willen nicht kontrollierbaren Bereich auszudifferenzieren, sind nicht mehr erforderlich. »Unverzichtbar bleibt dagegen der neuhumanistisch-romantische Begriff des weltoffenen, eine Eigenwelt konstituierenden Individuums. [...] Radikaler als je zuvor wird man konzedieren müssen, daß Liebe alle Eigenschaften auflöst, die für sie Grund und Motiv sein könnten.« (LP 222 f.)

Unter den Arbeiten Luhmanns, die sich nicht in erster Linie mit methodologischen Fragen, sondern mit einem historischen Gegenstand befassen, habe ich das Buch über *Liebe als Passion* herausgehoben, weil dies ganz offenkundig eines der Themen ist, bei denen er sich am intensivsten engagiert, was nicht nur an den polemischen Bemerkungen gegen die Therapeuten zu beobachten ist. Es ist selten, dass man in einer seiner Arbeiten einen

Abschnitt findet mit der Überschrift »Was nun? Probleme und Alternativen« (LP 197 ff.). Luhmanns Lehre hat, auch wenn man dies Systemtheoretikern nicht zutrauen mag, Praxisgehalt.

5. Beginne mit einer Unterscheidung! Luhmanns operative Logik

»Auch ein Widerspruch, auch eine Paradoxie
hat Sinn. Nur so ist Logik überhaupt möglich.
Man würde sonst beim ersten besten Widerspruch
in ein Sinnloch fallen und darin verschwinden.«
(SY 138)

In allen seinen zuletzt veröffentlichten Werken geht Luhmann von der operativen Logik George Spencer Browns aus, die mit der Weisung beginnt: »Mach eine Unterscheidung (Draw a distinction)!« Wir können keine Bezeichnung vornehmen, ohne eine Unterscheidung zu treffen.[22] Um überhaupt etwas beobachten zu können, braucht das System eine Grenze, über die hinweg es beobachten kann. Man muss deshalb eine Grenzlinie ziehen. Es handelt sich um Sinngrenzen. Jede Selbstbeobachtung »setzt die Einrichtung entsprechender interner Differenzen voraus« (WG 79). Zur Unterscheidung gehört, dass man nicht auf beiden Seiten zugleich sein kann. Man kann durchaus die Perspektive wechseln und auch von der anderen Seite her beobachten: aber erst hinterher. Man muss die Grenze überschreiten – Spencer Brown nennt das »crossing« –, und das braucht Zeit, wenigstens die berühmte logische Sekunde. Diese Zeitdifferenz dient zur Aufhebung bzw. zur Vermeidung der Paradoxie, dass der Beobachter zugleich innen und außen ist. Das Beobachten in seinem Vollzug kann anderes beobachten, nicht aber seine eigene Unterscheidung. Das ist sein blinder Fleck.

Diesen Gedanken hämmert Luhmann seinen Lesern mit Hilfe einer kräftigen (natürlich ironisch gemeinten) Tautologie ein: »Es kann nur sehen, was es mit dieser Unterscheidung sehen kann. Es kann nicht sehen, was es nicht sehen kann.« (WG 85)

Dennoch ist es möglich, diese Unterscheidung selbst wieder zu beobachten. »Das kann (muß aber nicht) in ein und demselben System geschehen. Auf diese Weise ist in einem System das möglich, was wir Selbstbeobachtung nennen werden.« (WG 83) Innerhalb desselben Systems findet also ein »crossing«, ein Perspektivenwechsel statt, der sich auf eine Operation des Systems selbst richtet. Die ursprüngliche Unterscheidung taucht dann im Unterschiedenen wieder auf. (WG 190) Spencer Brown nennt das Wiedereintritt (re-entry). Luhmann erkennt das – Spencer Browns Anspruch logischer Korrektheit ein wenig relativierend – als »eine Art Paradoxieverschleierung« (WG 189 f.), die er allerdings gern übernimmt. Systemtheoretisch gesprochen, liegt ein Wiedereintritt der Unterscheidung von System und Umwelt in das System vor. »Eine Unterscheidung markiert einen Bereich und wird dann in das durch sie Unterschiedene wiedereingeführt. Sie kommt dann doppelt vor: als Ausgangsunterscheidung und als Unterscheidung in dem durch sie Unterschiedenen. Sie ist dieselbe und nicht dieselbe. Sie ist dieselbe, weil der Witz des *re-entry* gerade darin besteht, dieselbe Unterscheidung rekursiv auf sich selbst anzuwenden; sie ist eine andere, weil sie in einen anderen, in einen bereits unterschiedenen Bereich eingesetzt wird.« (WG 379 f.) Luhmann kommt es darauf an, die Paradoxiebearbeitung so darzustellen, dass der Paradoxiebezug noch erkennbar ist. (WG 190) Philosophisch geschulte Leser haben hier gewiss eine einfache Form jener Denkoperation erkannt, die Reflexion genannt wird.

Wenn das System sich nun insgesamt (im Unterschied zur Umwelt) als einheitliches, aber in sich differenziertes, also als

Einheit von Einheit und Differenz betrachtet, beginnen die Probleme, denn dann steckt man mitten in einer klassischen Paradoxie. Wie kann man mit dem Unterscheiden anfangen, wenn man dazu schon eine Unterscheidung gewählt haben muss? George Spencer Browns fröhliche Lösung ist: einfach anfangen und später im »re-entry« sehen, ob es etwas gebracht hat. Es handelt sich im Grunde um eine typische Technik der Paradoxienauflösung, nämlich um die Verzeitlichung, die auf das Nacheinander setzt. (Ein erheblicher Teil der in der Denkgeschichte bekannt gewordenen Paradoxien ist darauf zurückzuführen, dass man bestimmte Dinge als gleichzeitig zu denken versuchte.)

Die Reflexion oder Beobachtung des Beobachters ist nichts hierarchisch Höheres – an dieses Grundtheorem des Systemdenkens (vergleiche den Abschnitt »Es gibt Systeme«) soll hier noch einmal erinnert werden. In dem einen Fall werden Dinge oder Begriffe oder Symbole beobachtet, im zweiten Fall Beobachter, die ihrerseits über ihre Grenze hinweg und mit einem blinden Fleck das beobachten, was für sie Umwelt ist. Auch das Beobachten zweiter Ordnung (second order cybernetics bzw. second semiotics[23]) hat seinen blinden Fleck, aber einen anderen, weshalb es den blinden Fleck des Beobachtens erster Ordnung sehen kann. Im Übrigen ist es auch nur eine tatsächlich stattfindende Operation, die ihrerseits beobachtet werden kann. Operationen sind in der Sicht dieser Erkenntnistheorie keine kunstvollen, durch Reflexion erzeugten Gebilde, sondern faktische Ereignisse. Beobachten ist ein Beschreiben von Ereignissen – daher die Verwendung des Begriffs »operativ« durch Luhmann, den er in dieser Funktion aus Heinz von Foersters *Sicht und Einsicht. Versuche zu einer operativen Erkenntnistheorie*[24] übernommen hat.

Es spricht für Luhmanns metaphysischen Esprit, dass er es nicht bei solchen abwiegelnden Formulierungen belassen hat, auch wenn diese sehr nützlich zum Verständnis dessen sind, worum es gehen soll. Leser, die Furcht davor haben, in Verwirrung zu geraten, sollten die nächsten Absätze überschlagen. Sie werden dann für sich allerdings nur in Anspruch nehmen können, Luhmann der Sache nach, nicht jedoch dem Geiste nach verstanden zu haben. Immerhin geht es ja um die Rekursivität des Beobachtens von Beobachtungen, also um Probleme der Selbstreferenz. Wenn auf jede Unterscheidung die gleiche Operation des »unterscheidend-bezeichnenden Beobachtens« wieder angewendet werden kann, bleibt immer ein Rest. »Es muß vorausgesetzt werden, daß die Welt (was immer das ist) das Unterscheiden toleriert und daß sie je nachdem, durch welche Unterscheidung sie verletzt wird, die dadurch angeleiteten Beobachtungen und Beschreibungen auf verschiedene Weise irritiert. [...] Die Welt erscheint so gleichsam als involvierte Unsichtbarkeit; oder auch als Hinweis auf eine nur rekursiv mögliche Erschließung.« Jede Unterscheidung ist dekonstruierbar – in dieser Einsicht stimmt Luhmann Jacques Derrida vollkommen zu. Er ist allerdings nicht bereit, ihm in seine Stilwelten der »expressiven Möglichkeiten des Vertextens« (WG 94) zu folgen, um diese Paradoxien mitzuteilen. Ein anderer Weg, mit den Paradoxien der Selbstreflexivität umzugehen, wäre der Versuch, eine mehr als zweiwertige Logik zu konstruieren, die, wie bei Gotthard Günther, dennoch mit binär schematisierten Operationen arbeitet. Luhmann, der großen Respekt und große Sympathie für Gotthard Günther hat, folgt ihm jedoch letztlich nicht, denn wenn in jede Unterscheidung ein Rejektionswert eingeführt wird, also eine Meta-Unterscheidung, die die Frage der Annahme oder Ablehnung dieser Unterscheidung zur Disposition stellt, kommt man auch in die Paradoxie hinein, wenn man diesen Gedanken auf sich selbst anwendet.[25]

Die Welt als sich durch die Beobachtung ergebende Unsichtbarkeit ist ein temporalisierbares Paradox und »kann also nur mit einer nicht stationären, nicht ›Gegenstände‹ fixierenden Logik erfaßt werden« (WG 93). Den einfachsten und elegantesten Versuch dieser Art findet Luhmann in Spencer Browns Logik, die »ihr Paradox gleichsam vor sich herschiebt, bis der Kalkül komplex genug ist, daß er die Form eines ›re-entry‹, eines Wiedereintritts der Unterscheidung in das durch sie Unterschiedene (oder einer Form in die Form), annehmen kann« (WG 94). »Form« ist Spencer Browns Begriff für eine Unterscheidung, die zwei Seiten trennt und dadurch Zeitbedarf zum Überschreiten der Trennungslinie erfordert.[26] Der englische Logiker, Philosoph und Computerfachmann George Spencer Brown ist in Deutschland bislang außer von Luhmann kaum rezipiert worden. Er hat 1967 Bertrand Russell einen logischen Kalkül vorgelegt, der das Prinzip von Russells und Whiteheads logischer Typenlehre aus deren *Principia Mathematica* von 1910, dass rückbezügliche Sätze nicht erlaubt seien, das Sich-selbst-Enthalten einer Menge also unzulässig sei, für unnötig erklärte. Russell war beeindruckt und hat ihm gratuliert.[27] Sein Kalkül ist allerdings nicht Allgemeingut geworden, und Luhmann legt Wert darauf, dass er bei allen Überlegungen Spencer Browns, an die er anknüpft, doch nicht die Richtigkeit des Kalküls voraussetzen muss, sondern nur dessen erkenntnistheoretischen Zusammenhang. (WG 84) Heinz von Foerster war es wohl, der Spencer Brown für die Erkenntniskonzeption entdeckt hat, die im Umkreis des »Biological Computer Laboratory« der University of Illinois in Urbana entwickelt wurde. Streng genommen ist es deshalb auch nicht die Logik Spencer Browns, sondern die damit in Zusammenhang stehende Erkenntniskonzeption, die Luhmann in Anspruch nimmt.[28]

Luhmanns Theorie versteht sich geradezu als Spürprogramm für Paradoxien, Widersprüche und Tautologien, also für all das, was in der Logik als anstößig gilt.[29] Alle drei können zu theorietechnisch außerordentlich interessanten Elementen werden. Für den Zweck einer kurzen Erläuterung will ich die Widersprüche herausgreifen, weil sie die meiste Bedeutung im Bereich der Gesellschaftstheorie haben.

Beim Umgang mit diesem Explosivstoff helfen Luhmann zwei Konzepte, die ich am Anfang dieses Bandes kurz vorgestellt habe: Der Satz »Es gibt Systeme« und sein Sinnbegriff. Es gibt Widersprüche, sie kommen vor und lassen sich auf ihre Funktion befragen. Für »einheitssüchtige Theorien«[30] sind sie natürlich ein Greuel. Eine Theorie, die Widersprüche einfach nur als logische Fehler betrachtet, läuft Gefahr, auch die Theoriegegenstände, die Widersprüche enthalten, aus dem Bereich möglicher Erkenntnis auszuschließen. (SY 489) »Dem Satz vom zu vermeidenden Widerspruch entspricht die These einer widerspruchsfreien Welt.« (TM 22) Allenfalls lässt eine ausschließlich logisch orientierte Theorie noch sogenannte »fuzzy sets« für Unbestimmtheiten und schlecht definierte Probleme zu. Luhmann will diesen Stand überwinden und ist dazu bereit, bei Hegel in die Lehre zu gehen, denn »wenn das soziale Leben selbst nicht logisch sauber arbeitet, läßt sich auch eine Theorie des Sozialen nicht logisch widerspruchsfrei formulieren« (SY 491). Dieser Satz darf nicht als Sachaussage, sondern muss als eine typische Anfangsprovokation gelesen werden. Luhmann macht es sich keineswegs so einfach, wie es auf den ersten Blick scheint. Die traditionsmarxistische Rede von den »gesellschaftlichen Widersprüchen« lehnt er ab; beim »Widerspruch von Arbeit und Kapital« geht es einfach um einen Interessengegensatz. Auch Konkurrenz ist kein Widerspruch. Zwei Personen können durchaus dasselbe Gut anstreben. Widersprüche, wie Luhmann sie denken will, entstehen auf andere Weise, nämlich als Momente der Selbstbezüglichkeit von Sinn. Das bedarf der Erläuterung. »Kommunikation bringt Einheit (und damit auch: möglichen Widerspruch) dadurch zustande, daß sie eine dreifache Selektion integriert. Information, Mitteilung und Verstehen (mit oder ohne Akzeptanz) werden als Einheit praktiziert [...]. Erst die Einheitszumutung der Kommunikation konstituiert durch die Auswahl dessen, was sie zusammenzieht, den Widerspruch. Der Widerspruch entsteht dadurch, daß er kommuniziert wird.« (SY 498)

Durch Kommunikation also treten reihenweise Widersprüche auf, sodass man fast daran denken könnte, ein spezielles gesellschaftliches Therapieprogramm zu entwickeln – analog zur psychologischen Betreuung von paradoxalen Verformungen psychischer Systeme. Aber die Instabilitäten, die solche Widersprüche erzeugen, müssen nicht unbedingt funktionsschädlich sein. Widersprüche können Formen des Prozessierens sein, »in die man Situationen bringen kann, die von selbst aufhören, um trotzdem Anschlüsse zu ermöglichen« (SY 503). Oder unter Rückgriff auf das Konzept der Autopoiesis ausgedrückt: Das System braucht zur Selbstreproduktion instabile Elemente, und die Selbstreproduktion ist Voraussetzung von Evolution. Der Widerspruch hat eine Art »warnende, alarmierende Funktion«. »Er zerstört für einen Augenblick die Gesamtpräsentation des Systems: geordnete, reduzierte Komplexität zu sein. Für einen Augenblick ist dann unbestimmte Komplexität wiederhergestellt, ist alles möglich. Aber zugleich hat der Widerspruch genug Form, um die Anschlußfähigkeit des kommunikativen Prozessierens von Sinn doch noch zu garantieren.« (SY 508) Die Autopoiesis kann sich dann fortsetzen. Dass Widersprüche ein Moment der Entwicklung seien und nicht einfach etwas Auszuschließendes, ist ein zentraler Gedanke Hegels, auf den Luhmann in solchen Zusammenhängen auch immer wieder hinweist. Allerdings, das sei nochmals betont, mit zwei wichtigen Unterschieden: Bei Luhmann ist die Rede von Autopoiesis, nicht von einem Subjekt, sei es der Geist oder gar das linkshegelianische Kollektivsubjekt Gesellschaft. Zweitens, ein leicht zu überlesender, aber dennoch vollständiger Gegensatz: Luhmann spricht – darin konsequent dem Differenzprinzip Spencer Browns folgend – von der Differenz von Identität und Differenz, Hegels Dialektik dagegen von deren Einheit. (SY 26)

Widersprüche als Alarmsignale bilden eine Art Immunsystem im System (SY 506), was Luhmann keineswegs nur metaphorisch, sondern funktional meint. »Das System immunisiert sich *nicht gegen das Nein*, sondern *mit Hilfe von Änderungen* gegen Erstarrung [...]. Das Immunsystem schützt nicht die Struktur, es schützt die Autopoiesis, die geschlossene Selbstreproduktion des Systems.« (SY 507) Der Begriff »Immunsystem« kann beinahe buchstäblich genommen werden, denn sein Beispiel für den Bereich der Gesellschaft ist das Rechtssystem, das nicht zur Vermeidung, sondern zur Regelung von Konflikten dient. Widersprüche sind also »im System selbst konstituierte Synthesen, Zusammenfassungen von Sinnmomenten unter dem Gesichtspunkt der Unvereinbarkeit« (SY 525).

Der Exkurs zur operativen Logik und zu Luhmanns Konzeption des Widerspruchs soll mit dem Seitenblick auf einen Anwendungsfall dieser Konzepte abgeschlossen werden, nämlich auf die Erkenntnistheorie des *radikalen Konstruktivismus*. Erkenntnis kann heute nicht mehr als Reduktion auf subjektive Gewissheit begriffen werden, aber auch nicht nach der Art des wissenschaftspraktischen Alltagspragmatismus als Resultat der Anwendung von bloß methodologischen Regeln. »Sie ist Konstruktion eines Unterschiedes, wobei das, was den Unterschied ausmacht, in der Realität keine Entsprechung hat. Realität als solche (das heißt ohne Beziehung auf Erkenntnis) ist unerkennbar.« (WG 698) Die Radikalität des Konstruktivismus besteht in einer Perspektivenumkehrung. Hat man bisher gefragt: »wie ist

Erkenntnis möglich, *obwohl* sie keinen von ihr unabhängigen Zugang zur Realität außer ihr hat«, beginnt der radikale Konstruktivismus mit der empirischen Feststellung: »Erkenntnis ist nur möglich, *weil* sie keinen Zugang zur Realität außer ihr hat.« (EK 8 f.) »Das Gehirn ist kein umweltoffenes Reflexsystem, sondern ein funktional geschlossenes System, das nur seine eigene ›Sprache‹ versteht und nur mit seinen eigenen Zuständen umgeht. [...] Da das Gehirn keinen direkten Zugang zur Welt hat, ist es als Teil des Nervensystems kognitiv und semantisch abgeschlossen. Es ist [...] selbstreferentiell und selbstexplikativ.«[31] Für die Erkenntnistheorie bedeutet das, dass jede Wahrnehmung immer Interpretation ist. Besonders neu ist das alles nicht, insbesondere nicht in der Philosophie, wo es seit Kant zu den Grundeinsichten gehört, dass wir nicht die Dinge an sich, sondern nur Erscheinungen erkennen. Viele Konstruktivisten sind sogar stolz darauf, auf ihre Übereinstimmung mit Kant verweisen zu können. Luhmann wendet aber ganz zu Recht ein, dass die These, jede Erkenntnis sei eine Konstruktion, natürlich auch für diesen Satz selbst gilt. (WG 512) Ein plausibles Argument für Konstruktivismus lässt sich deshalb nur andernorts gewinnen. Neu und aufmerksamkeitserregend war daher die Tatsache, dass diese Gedanken als Resultate kognitionsbiologischer Forschungen vorgetragen wurden, also mit empirisch-naturwissenschaftlicher Dignität.

Die Forderung nach einem empirischen Beweis dafür, dass empirische Erkenntnis nur Konstruktion sei, zieht sich jedoch so offenkundig selbst den Boden unter den Füßen weg, dass damit nicht viel Eindruck zu machen war. Luhmann hält fest: »Erkennende Systeme sind wirkliche (empirische, das heißt beobachtbare) Systeme in einer wirklichen Welt. Sie könnten ohne Welt gar nicht existieren und auch gar nichts erkennen. Die Welt ist ihnen also nur kognitiv unzugänglich.« (SO V, 41) Die

Pointe des Konstruktivismus liegt denn auch an einer ganz anderen Stelle: nämlich dass er Erkenntnis als Operation eines Systems (des Gehirns) beschreibt, das »qualitativ gar keinen und quantitativ nur sehr geringen Kontakt mit der Außenwelt unterhält« (SO V, 40).

Luhmann schlägt deshalb vor, ein Argument für den Konstruktivismus »aus einer Explikation der Selbstbeobachtung und Selbstbeschreibung beobachtender Systeme« (WG 512) zu gewinnen. Dazu müssen erst einmal die Unterscheidungen ausgewechselt werden. Die klassische Ontologie hatte Denken und Sein unterschieden, Kant den transzendentalen und den empirischen Bereich. Beide sollen ersetzt werden durch die Differenz von Beobachtung, die eine Tätigkeit des Systems ist, und Operation, bei der es sich um ein empirisches Ereignis in der Umwelt handelt. Man kann sich das wie folgt vorstellen:

Alteuropa	Ontologie	Denken	Sein
Moderne	Kant (Erkenntnistheorie)	transzendental	empirisch
Postmoderne	Luhmann (Kognition)	Beobachtung	Operation

Luhmann will also den radikalen Konstruktivismus um ein differenztheoretisches Moment erweitern, weil dieser »seine Hausaufgaben noch nicht zureichend erfüllt hat« (WG 521) und weil sich in seinem Umfeld gewisse Dramatisierungen ausgebreitet haben, die nur Repliken uralter, subjektivistisch oder idealistisch genannter Zweifel an einem Beweis für die Existenz der Außenwelt sind. Das aber ist ein für einen Empiriker immer schon gelöstes Problem. Die Differenz zwischen System und Umwelt ersetzt also die herkömmlichen, sowohl subjektivistischen wie objektivistischen Erkenntnistheorien. (SO V, 35) Die Differenzierung zwischen Operation und Beobachtung nimmt den Platz ein, »den bisher die einheitssüchtige Reflexionslogik eingenommen hatte« (SO V, 39). Eben dieses Unterscheiden ist der Eigenbeitrag der Systeme, dem in der Umwelt nichts entspricht. Die alte Unterscheidung von Erkenntnis und Gegenstand ist nur noch eine Konstruktion, also selbst eine von der Seite zu beobachtende Unterscheidung, »mit der die Welt verletzt, zerlegt, beobachtet wird« (SO V, 51). All das ist ein realer Prozess in einer realen Umwelt und nur dadurch nicht beliebig, dass er einer evolutionär kontrollierten Selektivität unterliegt. Dieser Prozess ist nicht beliebig, wohl aber, wie jede Evolution, kontingent, im philosophischen Sinne zufällig, weil im Wesen einer Evolution nichts zu finden ist, was ihren Ablauf notwendig macht oder ausschließen würde.[32] Das Beobachten wird hier nicht mehr »den Menschen« zugerechnet – und das ist das eigentlich Neue am radikalen Konstruktivismus. »Obwohl der Konstruktivismus bisher eher von Forschungen der Biologie, der Neurophysiologie und der Psychologie (Maturana, Varela, Piaget, von Glasersfeld) profitiert hat, begünstigt er im Effekt eine soziologische Erkenntnistheorie. Das Quinesche Programm der ›naturalisierten Epistemologie‹ muß um Soziologie ergänzt werden; ja es leistet erst so eigentlich, was es verspricht. Das, was wir als Erkenntnis kennen, ist Produkt des Kommunikationssystems Gesellschaft, an dem Bewußtsein zwar jeweils aktuell, aber immer nur in minimalen Bruchstücken teil hat.« (SO V, 54)[33] Damit muss die Erkenntnistheorie allerdings einige ihrer traditionellen Ansprüche aufgeben. Sie kann nicht länger Fundament der Wissenschaften sein, nicht mehr Grundlagen oder Gewissheiten anbieten. »Sie reflektiert die Unsicherheit der Erkenntnis und bietet dafür Gründe an. Und dann braucht es nicht zu verwundern, daß keine Erkenntnistheorie heute den Grad an Sicherheit erreichen kann, der in der Quantenphysik oder in der Biochemie erarbeitet ist.« (SO V, 59)

6. Soziale Systeme: Grundriss und Landkarte von Luhmanns Theorie

»Man wird also immer sagen können, ich hätte in den falschen Apfel gebissen – nicht vom Baume der Erkenntnis.« (SY 9)

»Der Flug muß über den Wolken stattfinden, und es ist mit einer ziemlich geschlossenen Wolkendecke zu rechnen. Man muß sich auf die eigenen Instrumente verlassen.« (SY 13)

Soziale Systeme galt lange Zeit, bis zum Erscheinen der *Gesellschaft der Gesellschaft*, als Luhmanns Hauptwerk. Jedenfalls war es in seiner Sicht das erste Buch, das nicht mehr in die »Null-Serie der Theorieproduktion« (AW 142) gehörte. Es führt den Untertitel *Grundriß einer allgemeinen Theorie*, enthält aber genaugenommen gar keine Theorie über etwas; es ist vielmehr ein systematisch reflektierendes Kompendium der begrifflichen Grundentscheidungen und Grunddefinitionen der Luhmannschen Lehre. Ziel ist die Erstellung einer facheinheitlichen, universalen Theorie für die Soziologie. Universal bedeutet nicht, dass er einen andere Theorien ausschließenden Wahrheitsanspruch erhebt, sondern dass es ihm um eine universale Gegenstandserfassung geht, um eine Theorie alles Sozialen und nicht nur von Ausschnitten. Wenn eine solche Theorie wirklich universal sein will, muss sie selbst als ihr eigener Gegenstand vorkommen, also selbstreferenziell sein.

Da die Soziologie nur ihre Klassiker auslegt und ansonsten wenig Theorie anzubieten hat, knüpft Luhmann an eine fachfremde, interdisziplinär erfolgreiche Theorieentwicklung an, nämlich die Theorie autopoietischer, selbstreferenzieller Systeme. (SY 11) Sie ist das Modell einer »Supertheorie«. (TM 9) In ihr haben sich zwei wichtige Paradigmenwechsel vollzogen: Im ersten Schritt (um 1960) wurde die traditionelle Vorstellung, ein System bestünde aus einem Ganzen und seinen Teilen, durch die Grenzziehung zwischen System und Umwelt ersetzt. Der zweite Schritt (seit den Siebzigerjahren) markiert den Übergang zur selbstreferenziellen, autopoietischen Geschlossenheit. Anregungen kamen anfangs von der Thermodynamik, später von der Biologie als Theorie des Organismus, dann von der Neurophysiologie und Computertheorie sowie von interdisziplinären Konstrukten wie der Informationstheorie und Kybernetik. »Die Soziologie blieb nicht nur als mitwirkende Forschung ausgeschlossen; sie hat sich in diesem interdisziplinären Kontext auch als lernunfähig erwiesen.« (SY 27) Dem will Luhmann abhelfen, indem er die Theorie autopoietischer Systeme in die Soziologie importiert und gleichzeitig an soziologischen Materialien überprüft. Der »Explosivstoff Selbstreferenz« (SY 656) ist in Luhmanns Sicht nichts, was vermieden werden muss; es kommt vielmehr darauf an, dass Paradoxien, die daraus entstehen, aufgelöst werden.

Luhmanns Methode ist die einer konsequent funktionalen Analyse. Es geht ihm immer um Funktionen, nicht um Strukturen. Durch den Gedanken der Funktion wird Bekanntes und Vertrautes in einen anderen Zusammenhang versetzt. Wegen der vielen Anschlussmöglichkeiten lassen funktionale Analysen ihren Gegenstand komplexer erscheinen, als er es für sich selbst ist. (SY 88) Dieser Funktionalismus hat drei Quellen, an denen man ablesen kann, dass Luhmann zwar ein Gegner steriler Klassikerinterpretationen ist, aber nichts dagegen hat, sich produktiv von ihnen anregen zu lassen: Die erste Quelle ist die ethnologische Soziologie Alfred R. Radcliffe-Browns und Bronislaw Malinowskis, deren Werke er schon in den Fünfzigerjahren gelesen hat.[34] Von dort stammt seine Betonung der Unwahrscheinlichkeit des Wahrscheinlichen, auf die ich gleich noch zurückkommen werde. Bei der zweiten Quelle handelt es sich um eine Tiefenwirkung der Philosophie. Im Jahre 1910 hatte Ernst Cassirer infolge seiner Beschäftigung mit der Mathematik und den Grundlagen exakter Wissenschaftlichkeit dazu angeregt, Substanzbegriffe in Funktionsbegriffe aufzulösen.[35] Vor allem aber ist der Funktionalismus eine Hauptströmung der Soziologie von Emile Durkheim über Talcott Parsons[36] bis heute, die Luhmann allerdings in einem wesentlichen Punkt abgewandelt hat. Im traditionellen Funktionalismus diente die Funktion dazu, den Bestand konkreter Sozialsysteme zu sichern. Luhmann dagegen ordnet den Funktionsbegriff vor den Strukturbegriff und kann sich dadurch von der leidigen Annahme freimachen, die Funktionen seien dazu da, die Bestandserhaltung der Struktur, der sozialen Tatbestände oder des Systems zu sichern.[37] Damit wurden eben doch noch Quasisubstanzen angenommen, auf die das Geschehen sich bezog. Sozialer Wandel war in diesem Strukturfunktionalismus immer schwer zu erklären.[38] Luhmanns Wechsel zur autopoietischen Selbstbewegung dürfte dieses Problem überwunden haben.

Aus der funktionalen Analyse ergibt sich das methodologische Rezept: »Theorien zu suchen, denen es gelingt, Normales für unwahrscheinlich zu erklären.« (SY 162) Diese »Umkehrung der natürlichen Welteinstellung«[39] mit ihrem »Absehen von Erfahrungen und Gewohnheiten« und ihrem Durchbrechen »des Scheins der Normalität« (SY 162) ist in einem gewissen Sinne mit Edmund Husserls phänomenologischer Reduktion verwandt, jener Methode, die ganze Welt einzuklammern und aus innerer Distanz zu betrachten.[40] Auf diese Nähe macht Luhmann immer wieder ausdrücklich aufmerksam, auch wenn er Husserls These, dass man auf diesem Wege zu letztgewissen Einsichten kommen könne, als »transzendentalen Positivismus« (SO I, 78) scharf kritisiert. Diese Art der Reflexion führt vielmehr zum Gegenteil von letztgewissen Evidenzen, denn sie verwandelt alle Gewissheiten in Probleme.

Die Frage lautet also: Wie ist soziale Ordnung überhaupt möglich? (GS II, 195 ff.) Dazu muss ein Problem aufgelöst werden, das seit Talcott Parsons »doppelte Kontingenz« heißt[41]: Es kann kein Handeln zustande kommen, »wenn Alter sein Handeln davon abhängig macht, wie Ego handelt, und Ego sein Verhalten an Alter anschließen will« (SY 149). Dieses Problem betrifft die Bedingungen der Möglichkeit von Handlungen. Parsons hat es durch den Hinweis auf einen Wertkonsens und auf langfristige Strukturen zu lösen versucht und damit auf die Sozialisation und die Tradition verwiesen. Luhmann sucht eine ganz andere Lösung, die uns schon von seiner Behandlung der logischen Paradoxien her vertraut ist: »Nichts zwingt dazu, die Lösung des Problems der doppelten Kontingenz ausschließlich in schon vorhandenem Konsens, also ausschließlich in der Sozialdimension zu suchen. Es gibt funktionale Äquivalente, zum Beispiel solche der Zeitdimension. Alter bestimmt in einer noch unklaren Situation sein Verhalten versuchsweise zuerst. Er beginnt mit einem freundlichen Blick, einer Geste, einem Geschenk – und wartet ab, ob und wie Ego die vorgeschlagene Situationsdefinition annimmt.« (SY 150) Parsons setzt auf Tradition, Luhmann auf versuchsweises Handeln. Ein schon festliegender Wertkonsens ist nicht nötig, die Theorie öffnet sich für Zufälle, ganz nach dem »order from noise principle« der allgemeinen Systemtheorie.[42] Bei Parsons haben wir es mit einem Theoriekonservativismus zu tun. Bei Luhmann dagegen ist der Konservativismus nicht theorienotwendig; und wo er in seinen politischen Nebenbemerkungen durchscheint (öfter sind diese auch antikonservativ), ist dies eher seinem persönlichen Temperament geschuldet.

Der Begriff »Kontingenz« »wird gewonnen durch Ausschließung von Notwendigkeit und Unmöglichkeit. Kontingent ist etwas, was weder notwendig ist noch unmöglich ist; was also so, wie es ist (war, sein wird), sein kann, aber auch anders möglich ist.« (SY 152) Die Grundsituation ist einfach: Zwei Black boxes bekommen es miteinander zu tun. In ihrer Komplexität bleiben sie füreinander undurchsichtig. Für das Entstehen eines sozialen Systems kommt es darauf aber auch gar nicht an. Es muss nur soviel »Weißheit«[43] sich ergeben, dass ein Verkehr möglich ist. Entscheidend ist die Frage, wie das System erst einmal in Gang kommen kann. Seit Thomas Hobbes hat man dazu an das Eigeninteresse der Handelnden gedacht. Luhmann kehrt diese Perspektive um: »Die Verfolgung eigenen Nutzens ist eine viel zu anspruchsvolle Einstellung, als daß man sie generell voraussetzen könnte [...].« Die Anfangsfrage lautet, »ob der Partner eine Kommunikation annehmen oder ablehnen wird«, und die »Position des Eigeninteresses ergibt sich erst sekundär aus der Art, wie der Partner auf einen Sinnvorschlag reagiert« (SY 160). Das Problem der doppelten Kontingenz ist ein selbstlösendes, weil sein Auftreten einen Prozess der Problemlösung initiiert und dabei selbst Zufälle und Irrtümer einarbeiten kann. Die These ist, »daß doppelte Kontingenz zwangsläufig zur Bildung von sozialen Systemen führt und in diesem Sinne als Dauerproblem (nicht nur: als Anstoß) autokatalytisch wirkt« (SY 177). Sie reagiert sensibel auf Zufälle und löst damit eine Evolution aus. »Ohne sie gäbe es keine sozio-kulturelle Evolution.« (SY 186) Der Systemgenerator in diesem Denkansatz ist also eine funktional eingesetzte, überall sich ergebende, ständig auftretende Paradoxie mit der Tendenz, durch ihr Auftreten schon das Ingangkommen von Lösungsprozessen zu erzeugen. Damit kann ein ehrwürdiger Traditionsbegriff, nämlich der des Subjekts, gestrichen werden. »Die Ablehnung des Subjekts durch die Systemtheorie hängt eng mit der Vorstellung zusammen, daß die Welt nichts ist, was aus einem Punkt heraus beschrieben werden kann. Der letzte Versuch, dies zu tun, war die Subjekttheorie.« (AW 120) Aufgegeben wird damit der Subjektbegriff der philosophischen Tradition, nach dem das Subjekt dasjenige ist, was der Erkenntnis und dem Handeln zugrunde liegt. Begriffe wie »Mensch«, »Individuum« und »Person« behält Luhmann dagegen bei.[44] Die Bedeutung dieser drei Begriffe muss dann allerdings um einige Anteile humanistischer Emphase verkürzt werden. Die Person wird zu einer »Erwartungscollage«[45]. Auf das Ich passt dann eine Beschreibung, wie sie Claude Lévi-Strauss für viele Menschen des 20. Jahrhunderts gegeben hat: »Ich habe nie ein Gefühl meiner persönlichen Identität gehabt, habe es auch jetzt nicht. Ich komme mir vor wie ein Ort, an dem etwas geschieht, an dem aber kein Ich vorhanden ist. Jeder von uns ist eine Art Straßenkreuzung, auf der sich Verschiedenes ereignet. Die Straßenkreuzung selbst ist völlig passiv; etwas ereignet sich darauf.«[46] Dieser Gedanke ist präsent, wenn Luhmann am Anfang der *Sozialen Systeme* erklärt, dieses Buch habe sich »wie von selbst geschrieben« (SY 14). Es handelt sich um einen methodologischen Antihumanismus, nicht um einen normativen.[47] Luhmann fordert nicht wie Arnold Gehlen, dass man sich den Institutionen unterzuordnen habe, und lehnt eine solche Forderung genauso ab wie vergleichbare Moralisierungen von links: »Bei hochentwickeltem, aber schlecht definiertem Problembewußtsein kommt es so zu einem hastigen Aufgebot von Verlegenheits-Behauptungen, die mehr vernebeln als klären, zu Thesen über post-histoire, Ende des Individuums, Eindimensionalität, Technokratie, Krise des kapitalistischen Staates usw.« (SO II, 186)

Sein methodologischer Antihumanismus besteht darin, die systemtheoretische Differenzierung vorzunehmen und die Menschen nicht als Teile der Gesellschaft selbst, sondern ihrer Umwelt anzusehen. (SY 288) Daraus resultiert eine posthumanistische Konzeption, die das Subjekt, also den Menschen im Singular, als Garanten für die Einheit der Erkenntnis und als Anspruch an die Gesellschaft aufgibt (SO V, 53) und seiner auch nicht mehr bedarf, um Gesellschaft zu verstehen. Es werden abstraktere Identifikationsgesichtspunkte benötigt als »das Sonderding Mensch« (SY 428).

Bei Luhmann besteht das soziale System demzufolge nicht aus Menschen, auch nicht, wie es heute die vorherrschende Ansicht ist, aus Handlungen, sondern aus Kommunikationen, die erst im zweiten Schritt zerlegt und als Handlungen zugerechnet werden. »Der elementare, Soziales als besondere Realität konstituierende Prozeß ist ein Kommunikationsprozeß.« (SY 193) Handlungen sind davon nicht zu trennen, wohl aber zu unterscheiden. Aus diesem Grund widersteht Luhmann der naheliegenden Versuchung, beides, wie Jürgen Habermas das tut, als kommunikatives Handeln parallelzuschalten.

Dann bleibt nämlich in Form von Intersubjektivität doch ein Rest des alten Subjekts erhalten. Das ist eine Entscheidung über den Theoriestil. Wichtiger jedoch ist, dass Habermas wie Luhmann sich darum bemühen, über die bisweilen in der akademischen Soziologie dominante und zum Dogmatismus neigende Version von Handlungstheorie hinauszugelangen, die auf einem »ganz unscharfen (gewissermaßen nur durch Zeigen auf Menschen explizierbaren) Begriff des Individuums«[48] aufgebaut ist. Von dieser Art von Handlungstheorien wird man darüber belehrt, dass eigentlich nur Einzelpersonen, mithin Individuen, also Subjekte handeln können, nicht aber Systeme.[49] Damit werden »immer wieder reine Sprachgepflogenheiten als Sacherkenntnisse ausgegeben« (SY 595) – denn die Sprache verlangt von uns, Subjekte einzusetzen. Das dadurch erzeugte Alltagsverständnis, dass es jemand sein muss, der handelt, jemand, der beobachtet usw., »ist jedoch theoretisch nicht gedeckt« (SY 595). Die Sprache macht zwar diese Vorgabe, erzwingt sie aber keineswegs, weil es durchaus möglich ist, solche Verben in Substantive umzuwandeln (Handeln, Beobachten, Erwarten, Erklären) oder ein selbstreferenzielles System als Träger einzusetzen, das nicht mit einem subjektiven Bewusstsein arbeiten muss. Die Grenzen der Sprache und Ausdrucksmöglichkeiten sind weiter gefasst, als das Alltagsverständnis es nahelegt, und der Schluss vom Sprachsubjekt auf das Handlungssubjekt ist ein typischer Fehlschluss. Dies ist wieder eine der Stellen, an denen hinter den sprachlichen Manierismen Luhmanns (und seines Vorbilds Talcott Parsons) der theoretische Sinn erkennbar wird. Wittgensteins Satz »Die Grenzen meiner Sprache sind die Grenzen meiner Welt« enthält ja kein Verbot, mit der Theoriesprache über die Alltagswelt hinauszugehen.[50] Zugegeben werden muss, dass dies ein Punkt ist, an dem Luhmann es sich und seinen Lesern besonders schwer macht, weil es in der philosophisch-sozialwissenschaftlichen Theorie üblich ist, Handeln vom (»bloßen«) Verhalten dadurch zu unterscheiden, dass es ziel- oder zweckgerichtet ist, eine Intention verfolgt oder eben einen Sinn hat, und dieser wird meist im Handlungssubjekt gesucht. Da Luhmann aber den Sinnbegriff ohne Subjekt denkt, kann er konsequenterweise auch Handlungen ohne Subjekt denken, ohne deshalb schon den Kontrastbegriff »Verhalten« einsetzen zu müssen. Die Begriffsbedeutung wandelt sich abhängig vom Theoriewandel, den Luhmann vorantreibt, die Relation zum Gegenpol Verhalten bleibt jedoch bestehen. Der Kurzschluss im Begriffssystem, der bei derartigen Umbauten immer möglich ist, wird hier vermieden. Da ohnehin keine Handlung ohne System und kein System ohne Handlung konstituiert werden kann, ist es empfehlenswert, auf die Kontrastierung von Handlungstheorie und Systemtheorie zu verzichten. (GS I, 246) »Handlungstheoretisch läßt sich also durchaus Entwarnung geben.«[51]

»Einmal in Kommunikation verstrickt, kommt man nie wieder ins Paradies der einfachen Seelen zurück.« (SY 207) Sie ist weitaus mehr als Sprache und auch ohne Sprache möglich (z.B. durch Blicke, Lächeln, Kleidung, Abwesenheit usw.). Sprache allerdings ermöglicht eine stärkere Ausdifferenzierung und hat daher Anteil an der Ausdifferenzierung sozialer Systeme. Kommunikation ist eine äußerst unwahrscheinliche Angelegenheit. Es ist unwahrscheinlich, dass man den anderen überhaupt versteht; es ist unwahrscheinlich, dass »eine Kommunikation mehr Personen erreicht, als in einer konkreten Situation anwesend sind« (SY 218); und selbst wenn sie jemanden erreicht und auch verstanden wird, muss sie deshalb noch keineswegs akzeptiert werden. »Jedes ausgesprochene Wort erregt den Gegensinn«, zitiert er Ottiliens Tagebuch aus Goethes *Wahlverwandtschaften.* (SY 204) Ohnehin ist nicht recht vorstellbar, dass am Ende der Kommunikation alle miteinander verständigt dasäßen, wenn nicht die äußeren Probleme wären. In Luhmanns Denken ist es vielmehr die ständig wieder auftretende doppelte Kontingenz, die die Problemsituationen aus dem Inneren der Kommunikation selbst generiert und regeneriert.

Der Kommunikationsbegriff wird dabei in Anlehnung an Talcott Parsons zu einer Theorie symbolisch generalisierter Kommunikationsmedien erweitert, die die gesellschaftlichen Kommunikationszusammenhänge steuern. Solche Medien sind z.B. Wahrheit, Liebe, Macht, vor allem Geld, teils auch Kunst, religiöser Glaube oder dessen säkularisierte Form, die »Grundwerte«. Kommunikation stellt so etwas wie die ständige »Selbsterregung und Sinnüberflutung des Systems« (SY 236) dar. Um die dadurch entstehende Komplexität zu reduzieren, ist es sinnvoll, zwischen System und Umwelt zu unterscheiden. Gesellschaft besteht lediglich aus Kommunikationen. Es dürfte klar sein, »daß die hochkomplexe Einrichtung einzelner Makromoleküle, einzelner Zellen, einzelner Nervensysteme, einzelner psychischer Systeme zu ihrer Umwelt gehören« (SY 249). Die Gesellschaft kann deren Komplexität sozusagen nach außen abschieben und großzügig behandeln – um Kapazität freizubekommen für den Aufbau einer hohen eigenen Komplexität.

Die Menschen, immerhin mehrere Milliarden psychische und organische Systeme (SO V, 54), werden der Umwelt zugerechnet. Sie sind dadurch nicht weniger wichtig, wenn auch die Idee des klassischen Humanismus, »der Mensch« sei das Maß der Gesellschaft, damit aufgegeben wird. »Gewonnen wird mit der Unterscheidung von System und Umwelt aber die Möglichkeit, den Menschen als Teil der gesellschaftlichen Umwelt zugleich komplexer und ungebundener zu begreifen, als dies möglich wäre, wenn er als Teil der Gesellschaft aufgefaßt werden müßte; denn die Umwelt ist im Vergleich zum System eben derjenige Bereich der Unterscheidung, der höhere Komplexität und geringeres Geordnetsein aufweist. Dem Menschen werden so höhere Freiheiten im Verhältnis zu *seiner* Umwelt konzediert, insbesondere Freiheiten zu unvernünftigem und unmoralischem Verhalten.« (SY 289)

Um das Verhältnis von Menschen und sozialen Systemen genauer bestimmen zu können, verwendet Luhmann den Begriff »Interpenetration«, der von Talcott Parsons stammt. Interpenetration liegt dann vor, wenn zwei »Systeme sich wechselseitig dadurch ermöglichen, daß sie in das jeweils andere ihre vorkonstituierte Eigenkomplexität einbringen« (SY 290). Beide Systeme bleiben dabei füreinander Umwelt. »Man kann deshalb auch formulieren, daß die psychischen Systeme die sozialen Systeme mit hinreichender Unordnung versorgen, und ebenso umgekehrt.« (SY 291) Das Verhältnis der interpenetrierenden Systeme ist durch doppelte Kontingenz bestimmt, und so ist auch die Frage zu beantworten, wie es überhaupt zum Aufbau sozialer Systeme kommen kann. Man muss nicht vom Bewusstsein des Menschen ausgehen, auch nicht von der Intersubjektivität, sondern von einem gegenseitigen Konstitutionszusammenhang autopoietischer Systeme. »Das soziale System, das auf Leben und Bewußtsein beruht, ermöglicht seinerseits die Autopoiesis dieser Bedingungen, indem es ermöglicht, daß sie sich in einem geschlossenen Reproduktionszusammenhang ständig erneuern.« (SY 297) Verschiedene Arten von Autopoiesis wie organisches Leben, Bewusstsein und Kommunikation sind also miteinander verbindungsfähig. Am besten kann das mit Hilfe des Terminus »Sinn« begriffen werden, und rückblickend dürfte damit noch einmal die theoriebautechnische Schlüsselstelle dieses Begriffs deutlich werden: »Sinn ermöglicht die Interpenetration psychischer und sozialer Systembildungen bei Bewahrung ihrer Autopoiesis; Sinn ermöglicht das Sichverstehen und Sichfortzeugen von Bewußtsein in der Kommunikation und zugleich das Zurückrechnen der Kommunikation auf das Bewußtsein der Beteiligten. Der Begriff des Sinnes löst damit den Begriff des animal sociale ab.« (SY 297) Die Begriffspatience geht auf. Da es sich um eine Einführung handelt, habe ich sie nur mit 32 statt mit 128 Karten aufgelegt, aber das System dürfte deutlich geworden sein, ebenso, dass alles nicht nur »irgendwie« zusammenpasst.

7. Die Politik der Gesellschaft

»Macht ist also nicht etwas, was in der Politik auch vorkommt, sie ist die Quintessenz von Politik schlechthin.« (PO 75)

Die Funktion der Politik liegt in der Herstellung kollektiv bindender Entscheidungen. Die politischen Parteien sind mit der unverbindlichen Vorbereitung dieser Entscheidungen befasst.

Was ist das spezifisch Politische im Unterschied zum Beispiel zum wirtschaftlichen Bereich? Wie kann man politische Macht von anderen Formen der Einflussnahme, z.B. durch Geld, abgrenzen? Geld ist das klassische Mittel für positive Sanktionen. Politik aber, und das ist eine entscheidende Voraussetzung für ihre Abgrenzung von der Wirtschaft, kann auch mit negativen Sanktionen arbeiten. »Negative Sanktionen werden über Drohung kommuniziert oder schlicht antizipiert, so daß es einer expliziten Drohung gar nicht mehr bedarf.« (PO 46) Ein nicht unwesentlicher Vorteil gegenüber positiven Sanktionen ist, dass sie nicht unbedingt ausgeführt werden müssen: Wer einen Bürger polizeilich erschießt oder in der Wirtschaft jemanden entlässt, erreicht normalerweise nicht genau das, was er mit der Androhung dieser Maßnahme beabsichtigt hatte.

Diese These Luhmanns ist der neueren politikwissenschaftlichen Theorie vom allseits verhandelnden Staat und der Steuerung durch Steuervergünstigungen direkt entgegengesetzt. Allerdings ist sie ein wenig zu harmlos in Anbetracht der politischen Wirklichkeit, wo das bloße Versprechen positiver Sanktionen, ohne dieses auch unbedingt einhalten zu müssen, ebenso eine hinreichend lange Zeit den gewünschten Effekt erzielen kann. Man kann eben auch aussitzen statt zu zahlen. Immerhin lässt Luhmanns Machtbegriff weitere Komplexionen zu, sobald die Ebene der Beobachtung zweiter Ordnung betreten wird. Wenn positive Sanktionen erwartet werden, kann schon deren Ausbleiben als negative Sanktion gewertet werden, und umgekehrt kann die Unterlassung einer negativen Sanktion schon als Verhandlungsgrundlage eingesetzt werden: Die unangenehme Information wird nicht bekanntgegeben, die Entlassung doch nicht ausgesprochen. »Permissive Leadership« heißt das in der Organisationssoziologie.

Die Basis von Macht besteht letzten Endes darin, da argumentiert Luhmann ganz in der Tradition von Max Weber, zur physischen Gewaltanwendung legitimiert zu sein. Wie Geld ist Macht ein Kommunikationsmedium, das im Grunde für beliebige Zwecke eingesetzt werden kann. Ist aber das politische System auch in der Lage, den Machtgebrauch unter Kontrolle zu halten? Macht als Quintessenz und Kern des Politischen bedeutet keineswegs im Sinne der ontologischen Tradition Alteuropas, dass hiermit das Wesen des Politischen angesprochen sei. Es geht ganz konstruktivistisch vielmehr um das Unterscheidungsmerkmal, mit dem das politische System sich von anderen differenziert.

Luhmanns Grunddefinition, die Funktion der Politik sei die Herstellung kollektiv verbindlicher Entscheidungen, kann mittlerweile als unbestrittenes Gemeingut der Politiktheorie gelten. Sie muss also ständig die Machtkapazitäten bereitstellen, um dies auch darstellen zu können. Alles, was im Themenkreis der Politik geschieht, nimmt damit die Form der Entscheidung an, und Unterlassungen werden in diesem Systemkontext ebenso zu einer Form der Entscheidung, zur Entscheidung nämlich, nun doch nicht oder noch nicht zu entscheiden. Die systemische Engführung wird so stark, dass es sozusagen »unschuldige« Unterlassungen in diesem Feld nicht mehr gibt.

Daneben kann man Politik noch auf eine zweite Weise befragen, nämlich danach, wie das Medium Macht kodiert wird. Grundsätzlich geht es um deren Umsetzung in Ämter. Physische Gewalt wird friedlich auf Dauer gestellt und die Machtausübung nunmehr in Amtsform organisiert. Sie kann auf Gefolgschaft rechnen, ohne ständig die Repressionsinstrumente vorzeigen zu müssen, auch wenn diese selbst in den allermodernsten und alleraufgeklärtesten Staaten niemals ganz beiseitegelegt worden sind. Nicht einmal Dänemark kommt ohne Polizei aus. Letzten Endes kann fehlender Konsens immer durch die Anwendung von Gewalt kompensiert werden. Worauf es ankommt, ist die legitime Disposition über staatlich organisierte Gewalt. (PO 274 ff.)

Erstarrung, die bei gewaltbegründeten Verhältnissen immer auftreten kann, wird dadurch vermieden, dass durch die Abhaltung regelmäßiger Wahlen eine jeweils kurzfristige Ungewissheit produziert werden kann. Politische Operationen werden auf diese Weise der langfristigen Berechenbarkeit entzogen, sodass sie die Form von Entscheidungen annehmen können und müssen. Zugleich wird auf diese Weise die Legitimität der Gewaltanwendung im öffentlichen Meinungsbildungsprozess reaktualisiert.

Die Ausdifferenzierung der Politik ist nie vollständig. Sie ist allerdings dann besser beraten, und darauf kommt es Luhmann an, wenn sie auf starke ökonomische Interventionen wie im Sozialismus oder wie in der italienischen Geldpolitik der Achtzigerjahre verzichtet und an deren Stelle lieber Beschwörungen und Heuchelei als Optimierungsstrategien setzt. »Operativ gesehen, kann die Politik nicht wirtschaften, und die Erfahrungen mit entsprechenden Versuchen lassen es wenig ratsam erscheinen, daran etwas zu ändern.« (PO 114) Die klassische politische Theorie hat seit Aristoteles immer an einem Identitätskonzept von Politik und Gesellschaft festgehalten. Ausgangspunkt war die »koinonía politiké«, die politische Gemeinschaft, die in der schottischen Aufklärung und vor allem bei Hegel in den Staat und die bürgerliche Gesellschaft (inklusive der Wirtschaft) getrennt wurde und die man heute weiter ausdifferenziert hat in die drei Bereiche Staat, Markt und Zivilgesellschaft. Wer immer noch an der »politischen Gesellschaft« festhält, verkennt die funktionale Spezifikation des politischen Systems. Gerade die Autonomstellung des politischen Systems ermöglicht diesem verstärkte Eigenoperationen. Das muss nicht unbedingt nur ein Vorteil sein: »Politik produziert eine Flut von Entscheidungen, die in ihrer Folge weitere Entscheidungen notwendig machen. Der Entscheidungsbedarf wächst und wächst ständig mit der Notwendigkeit, frühere Entscheidungen zu korrigieren.« (PO 137) Die Selbstbeschäftigung des in sich abgeschlossenen Systems nimmt dann, von außen beobachtet, seltsame Züge an.

Auf der Seite der Entscheidungen tritt die sogenannte symbolische Politik, die nur in entschlossener Weise so tut, als ob gehandelt würde, an die Stelle direkter Zielverfolgung. Genau dies muss nach Luhmanns Theorie realistischerweise auch erwartet werden, da die Zukunft unbekannt ist und die öffentliche Meinung dafür keine Richtungsvorgaben enthält. Es gibt nur Schemata, Skripts und zugespitzte Kontroversen. Er wertet dies durchaus positiv, denn das prinzipienlose Lavieren, das Verhüten des jeweils Schlimmsten und das reaktive Taktieren richten offenbar auch weniger Schaden an. Es wird bei Luhmann allerdings nie ganz klar, woran er dies eigentlich messen will, denn Wertgesichtspunkte sind ja selbst wiederum Produkt von Evolutionsprozessen und Entscheidungen.

Diese Prozesse werden vermutlich auch den modernen nachmittelalterlichen Staat überholen und in die Gesellschaft, nunmehr die Weltgesellschaft, zurücknehmen. Die Semantik der Nationen, für deren imaginierte Gemeinschaft man leben, töten und sterben sollte, beginnt in den entwickelten Ländern abzusterben. Der Begriff des Staates eignet sich damit immer weniger als Selbstbeschreibungsformel des politischen Systems. Dieses System gerät in Situationen der Überforderung, in Situationen »der überdrehten Arbeit an der Lösung unlösbarer Probleme« (PO 219). Die Ziele Friedenserhaltung und Interessenausgleich werden beiseitegedrängt. An die Stelle der bindenden systemischen Entscheidung von Konflikten tritt die Verfolgung inhaltlicher Großziele: Ziele der ethnischen oder religiösen Identität, der wohlfahrtsstaatlichen Gruppenversorgung oder der politisch korrekten Meinungs- und Sittenzensur. Sobald der Staat aber spezifische Zwecke verfolgt, z.B. einer besonderen Gruppe Vorrang gewährt, wird er »despotisch«, wie Friedrich Schlegel das einst in seinem *Versuch über den Begriff des Republikanismus* formuliert hat.[52] Das Ausdifferenzierungsmerkmal des politischen Systems soll somit so rein wie möglich gehalten werden. Hier liegt die systemische Wertbegründung für die Staatszurückhaltung gegenüber konkret-inhaltlichen Politikzielen. Politik sollte also auf die weltgesellschaftlich notwendige Form kollektiv bindenden Entscheidens reduziert werden. Um größtmögliche Nähe zu lokalen und regionalen Problemkonstellationen zu gewährleisten, bleibt es sinnvoll, diese Fähigkeit segmentär, d.h. nach Nationalstaaten differenziert zu halten und der Weltgesellschaft nicht eine einheitliche weltstaatliche Spitze zu geben. Die einzelnen Segmente sollen doch untereinander eine möglichst große Ähnlichkeit und Kommunikationsfähigkeit miteinander aufweisen. Sie sollen nach Luhmann also politisch effektiv und intern durchsetzungsfähig sein, sind vor allem aber als Adressen internationaler Kommunikation gedacht. Daraus ergibt sich eine weltpolitische Interventionsoption, sobald z.B. im Falle eines Bürgerkriegs nicht mehr klar ist, welche Adresse als zuständig gilt, wenn mithin die Staatlichkeit nicht mehr garantiert werden kann. Interventionen sollten sich jedoch auf eine Garantie der Staatlichkeit beschränken und sich nicht in Einzelfragen der lokalen Politikgestaltung einmischen. Da die Weltgesellschaft und ihr politisches System auf Kommunikation beruhen, kann sie es sich nicht leisten, ganze Territorien aus der kommunikativen Zuständigkeit zu entlassen. Die dafür geeigneten Interventionsformen beginnen sich derzeit erst zu entwickeln.

Dann wird wohl auch der Zeitpunkt kommen, an dem nur noch von politischen Systemen und nicht mehr von Staaten zu sprechen ist, wie es sich in der politischen Wissenschaft schon seit längerem abzeichnet. Der Staatsbegriff könnte dann in den antiquarischen Beständen der juristischen Staatslehre verstauben, ohne dass sich für das »administrativ belästigte Publikum« (PO 265) so sehr viel ändert.

Luhmann begreift die Ausdifferenzierung des politischen Systems als evolutionären Prozess. Hier ist eine Forschungslücke zu konstatieren: Eine entsprechende umfassende Evolutionstheorie ist nicht ausgearbeitet worden. Er selbst konnte sie im Schlusskapitel seiner *Politik der Gesellschaft* nur skizzieren.[53] Sie stand unter dem Rechtfertigungszwang, sich vom Sozialdarwinismus des 19. Jahrhunderts abgrenzen zu müssen, der allerdings in Wirklichkeit gar nicht als evolutionstheoretisches Modell angesehen werden kann, weil die dafür grundlegenden Begriffe wie »Variation«, »Selektion« und »Zufall« in der damaligen Ideologie von der Durchsetzung des Stärkeren gar keine Rolle spielten. Darwins eigene Theorie hatte sich – durchaus noch unideologisch – auf Variation und Selektion beschränkt. Die damit verbundene organismusanaloge und körperkonkretistische Auffassung passt weder zu den Sozialwissenschaften im Allgemeinen noch zur Systemtheorie im Besonderen. Hier müssen offenbar neue, transdisziplinäre Wege gefunden werden.

Es käme darauf an, Evolutionstheorie und Systemtheorie so zu kombinieren, dass sie auf autopoietische Systeme eingestellt sind. Externe Selektion (Darwins »natürliche Selektion«) ist deshalb auszuschließen. Zu erklären ist ja die im Unterschied zur natürlichen spektakulär schnelle gesellschaftliche Evolution.

Die Politikwissenschaftler hatten schon seit Längerem ungeduldig auf Luhmanns *Politik der Gesellschaft* gewartet; das Manuskript stammt aus dem Jahre 1996. Theoretische Modelle zur politischen Legitimation müssen heute, nachdem die alteuropäischen Lehren über politische Klugheit (zuletzt noch scheinbar kühl und modern unter dem Titel »Staatsräson«) ihre Geltungskraft verloren haben, Gründe dafür liefern, weshalb die oberste Gewalt, also die staatliche Souveränität, gleichzeitig gebunden und ungebunden operieren durfte. Die üblichen ethisch-naturrechtlichen Begrenzungen konnten der realen Härte des Politischen nicht standhalten. Eine Zeit lang, nämlich von Hobbes bis Rousseau, hat man es mit Vertragstheorien versucht; aber wodurch soll ein Vertrag bindend wirken? Die klarste, letzte und nicht gern eingestandene Antwort lautete stets: durch physische Gewalt. (WG 473) Am Ende des 18. Jahrhunderts trat mit der amerikanischen und Französischen Revolution das Konzept der verfassungsgebenden Gewalt mehr oder weniger eng verbunden mit dem Zukunftskonzept »Demokratie« in Kraft. Unterhalb dieser Gesamtbegründungsmodelle aber vollzog sich der gesellschaftliche Differenzierungsprozess weiter. Über die Dichotomie von Staat und Gesellschaft, wie wir sie von Locke, der schottischen Aufklärung und insbesondere von Hegel kennen, hinausgehend, differenzierte sich die Gesellschaftswelt in eine Vielzahl von Funktionsbereichen. Deren Beziehungen untereinander gestalteten sich immer komplexer. Klassische Modelle der politischen Steuerung durch so etwas wie den Staat wurden sowohl theoretisch als auch vor allem in der politischen Praxis hinfällig. Das hat sich massiv bei den keynesianischen Steuerungsversuchen von Wirtschaft durch Politik in den 1970er Jahren gezeigt.

Hierzu hatte sich eine wichtige Diskussion zwischen Luhmann und Fritz Scharpf, einem in der Fachwelt außerordentlich prominenten und außerhalb dieser fast unbekannten Politikwissenschaftler, entwickelt.[54] Wie immer, wenn Luhmann über die Ränder der Soziologie hinausgriff, steuerte er die wirklich zentralen Themen an und suchte die Diskussion mit den Autoren, von denen am meisten zu lernen ist.

Luhmanns Kernthese lautete: Die Steuerungsdiskussion ist ziemlich sinnlos. Selbstverständlich haben politische Steuerungsbemühungen eine Wirkung. Aber ebenso gewiss nicht die eigentlich gewollte, nämlich die Gesellschaft von den Kommandohöhen des politischen Systems her in die gewünschte Richtung dirigieren zu können. Steuerung ist so etwas wie Differenzminderung, d.h. die Verringerung von Bereichsunterschieden – also gerade das Gegenteil von dem, was in modernen Gesellschaften geschieht. Denn diese sind auf die Erhaltung und Verstärkung der Differenzen angelegt. Schon deshalb können sie gar nicht gesteuert werden. Die Handlungstheorie, wie sie viele Politikwissenschaftler immer noch gläubig nacherzählen, eignet sich allenfalls zur Selbstdarstellung, zur »öffentlichen Phrasierung« der Politik. Auch wenn man dies im Einzelnen noch so »scharpfsinnig« entwickelt, kommt man doch nicht daran vorbei, dass jeder Steuerungsakt, z.B. auf dem Währungs- oder Finanzmarkt, als Ereignis wesentlich schneller wirkt als seine dahinterstehenden Absichten. Er überholt sich gewissermaßen selbst und dementiert sich dadurch. Die Steuerung setzt dann nur noch Signale, die flackernden Lichtern und schrillen Geräuschsequenzen in einer Disco gleichen, während die Anwesenden sich langweilen und nach anderem Ausschau halten.[55] Luhmann leugnet die Möglichkeit von Steuerung nicht vollständig. Er hält ihre analytische Einbettung in eine Handlungstheorie mit deren Überschätzung der Absichten aber für verkehrt. In einer Systemtheorie der Steuerungsversuche würde man die Impulse und die Differenzen von Systemzuständen vergleichend analysieren. Die Politik ist damit entzaubert, weil sie nicht mehr als die hierarchische Spitze der Gesellschaft gelten kann, sondern bloß noch als ein Teilsystem unter vielen anderen. In einem Schaubild kann man das etwas vereinfacht so darstellen:

Funktionssystem	**Code**	**Medium**
Wirtschaft	Haben/Nichthaben	Geld/Eigentum
Recht	recht/unrecht	Recht (= Gesetze, Entscheidungen)
Wissenschaft	wahr/unwahr	wissenschaftliche Erkenntnisse
Politik	Regierung/Opposition	Macht (öffentliche Ämter)
Religion	Immanenz/ Transzendenz	Glaube
Erziehung	gute/schlechte Zensuren	Karriereerwartungen
Massenmedien	Information/ Nichtinformation	Mitteilungen
Moral	gut/böse	Wertvorstellungen
Kunst	traditionell: schön/hässlich, modern: innovativ/alt	ästhetische Formen

In einem frühen, 1974 erschienenen Aufsatz hatte Luhmann angenommen, dass die Entgegensetzung von Konservativismus und Progressivität den politischen Code ausmache.[56] Später ließ er dieses Links-rechts-Schema nur noch als Zweitcodierung gelten. Diese Unsicherheit im theoretischen Zugriff zeigt, dass Politik gewiss einer der am schwersten zu codierenden Bereiche ist. Traditionell beansprucht sie eine Ausnahmestellung, die Luhmann ihr allerdings nicht mehr zuzubilligen bereit war. Aber: »Noch heute wird gesellschaftliche Integration oder Lösung aller anderswo nicht lösbaren Probleme zentral von der Politik erwartet.« (ÖK 167 f.) Sie wird diese Erwartung allerdings durchweg enttäuschen müssen, weil sie nur in ihrem eigenen Code des Kampfes um Regierung kommunizieren kann und so dazu tendiert, die Produktion von Erwartungen und regelmäßigen Enttäuschungen, also z.B. ökologische Kommunikation und damit »loose talk« (ÖK 225), an die Stelle von solchen Problembehandlungsweisen zu setzen, die die Funktionsimperative der Nachbarsysteme einkalkulieren würden.

Bleibt zu fragen, welche Antwort denn dem Theoretiker des akteurzentrierten Interaktionismus, wie Fritz Scharpf seinen eigenen Ansatz nennt, gegen Luhmann eingefallen ist. Faktisch gibt es für ihn erfolgreiche politische Steuerung: »Die Wirtschaft bietet trotz aller Proteste bleifreies Benzin an, wenn die Umweltpolitik das so vorschreibt«, und selbst die Militärsysteme können abrüsten, wenn die Politik es ernsthaft will.[57] Zwar ist zuzugeben, dass die meisten Steuerungsversuche gescheitert sind und scheitern. Es gibt aber keinen prinzipiellen theoretischen Grund, Steuerung von vornherein für ausgeschlossen zu erklären. Wenn sie jedoch überhaupt möglich ist, dann ist Luhmanns These nur insofern sinnvoll, als sie die Schwierigkeiten in besonders deutlicher Weise markiert. Vor allem müssen Steuerungsmöglichkeiten, wenn es sie denn gibt, von der Wissenschaft systematisch gesucht werden. Gerade das Zustandebringen des Unwahrscheinlichen ist ja die eigentliche politische Leistung. Steuerung ist zu verstehen als die im Sinne der eigenen Ziele erfolgreiche Intervention der Politik in Strukturen und Prozesse der Wirtschaft und anderer Funktionssysteme, z.B. durch die Setzung einer Wettbewerbsordnung.

Im nächsten Argumentationsschritt versucht Scharpf, Luhmann mit der Übernahme eines seiner zentralen Argumente auszuhebeln. Folgt man nämlich probehalber einmal Luhmanns Hauptthese, dass ein System ein anderes nicht dadurch beeinflussen kann, dass es versucht, in diesem die eigenen Unterscheidungen durchzusetzen, so bleibt für die Politik, die ja nicht einfach auf das Handeln verzichten und nach Hause gehen kann, ohnehin nur Fritz Scharpfs akteurtheoretischer Weg, sich nicht an die Funktionssysteme selbst, sondern an die in ihnen handelnden Akteure zu wenden. Dort liegt die eigentliche Chance politischer Steuerung. Wenn intersystemische Steuerung überhaupt stattfinden kann, dann nur durch handlungsfähige Akteure und Akteurkonstellationen, nicht durch die Funktionssysteme als solche, deren Geschlossenheit Luhmann zu Recht betont. Die strukturelle Kopplung zwischen den Systemen will Scharpf also gerade über die Akteure herstellen – etwas, was Luhmann immer konsequent und definitorisch aus seinen Überlegungen ausgeschlossen hat. Seine Theorie will ausschließlich nur die eine, die systemische Dimension erfassen. So häufig sie auch von der Systemkomplexität spricht, bleibt sie doch – diesen Vorwurf kann der Politikwissenschaftler gegen sie ins Feld führen – in Wirklichkeit eindimensional, weil sie nur die Systemdimension, nicht aber die Akteurdimension zu erfassen bereit ist. Hier unterschätzt Luhmann das gegenseitige Koordinierungs- und Integrationspotenzial sowohl von Individuen als auch von Organisationen und betont stattdessen die

Schwierigkeiten der Steuerung zu sehr.[58] Denn dort, wo formale Organisationen in Funktionssystemen dominieren, müsste im Prinzip auch eine relativ hohe Steuerbarkeit gegeben sein. Luhmanns systemtheoretisch motivierte Askese gegenüber allen Handlungsargumenten ist also von der Politikwissenschaft als anregend, aber zu stark vereinseitigend und damit letztlich ungeeignet zu einer praktikablen und handlungsanleitenden Beschreibung des Politischen zurückgewiesen worden.

8. Die Religion der Gesellschaft

»Darin liegt Ironie. Religionsphänomene mit dieser Theorie zu behandeln, erzeugt einen dekonstruktiven Effekt.«[59]

Seit Comte, Durkheim und Max Weber enthält jede anspruchsvolle soziologische Theoriekonzeption immer auch eine Religionssoziologie. Von den Theologen wird das mit interessevollem Misstrauen beobachtet. Ein von theologischer Seite herausgegebener Sammelband benennt denn auch deutlich die »von Luhmanns Theorie ausgehende Gefahr für Theologie und Kirche«, die in seiner Trennung der Funktionsbereiche, seiner Empfehlung der zunehmenden Ausdifferenzierung der drei Teilsysteme Kirche, Theologie und Diakonie sowie in seinen Überlegungen zur Zivilreligion liegt.[60] Luhmanns Gedanken zu diesem Thema sind ebenso spekulativ wie originell, und da zu theologischen Fragen so selten einmal etwas wirklich Neues gesagt wird, sollen sie in einem eigenen Abschnitt dargestellt werden.

Die bisherigen Versuche, die Funktion der Religion zu bestimmen, waren durchweg nicht besonders einleuchtend. (FR 10f.) Die These z.B., Religion habe eine gesellschaftsstabilisierende Funktion, ist leicht mit dem Hinweis auf systemsprengende oder desintegrierende religiöse Bewegungen wie den islamischen Fundamentalismus zu widerlegen.

In evolutionstheoretischer Sicht hat die Ausdifferenzierung der Religion für sie den Verlust früherer Funktionen gebracht. »Die Religion sichert heute weder gegen Inflation noch gegen einen unliebsamen Regierungswechsel, weder gegen das Fadwerden einer Liebschaft noch gegen wissenschaftliche Widerlegung der eigenen Theorien. Sie kann nicht für andere Funktionssysteme einspringen. Sie ist ein Funktionssystem für sich, und nur die Teilnahme an diesem Funktionssystem gewährt die religionsspezifischen Sicherheiten.« (GS III, 259) Zunächst kann Religion begriffen werden als eine in der Gesellschaft verankerte, multifunktionale Einrichtung. Doch schon im späten Mittelalter beginnt die Korrosion der kosmologischen und der moralischen Fixierung von Religion. (GS III, 276) Das kosmologische Weltbild zerfällt durch die Entwicklung der Astronomie und die großen Entdeckungen, während die Moral noch bis heute eine – wenn auch nicht unangefochtene – religiöse Nebenverankerung aufweist. »In den vormodernen Hochreligionen hatte die Religion vor allem die Aufgabe, das Moralschema zu generieren. Fast kann man dies, für diesen Zeitraum, als eine zureichende Beschreibung ihrer Funktion ansehen.« (GS III, 283) Gegen Ende des 17. Jahrhunderts aber wird auch die Moral zu einem eigenen Bereich, der sogar die Möglichkeit einräumt, die Religion zu beurteilen. (GS III, 307) Im 18. Jahrhundert, dem moralischen Jahrhundert, tritt an die Stelle der disziplinierenden Höllenfurcht die Angst vor der Lächerlichkeit, die eine noch intakte ständische Gesellschaft voraussetzt. Doch schon mit Bernard Mandevilles Bienenfabel (1714) liegt ein Entwurf vor, der erkennt, dass böse Absichten und private Laster gute Folgen haben und Vorteile für die Allgemeinheit mit sich bringen können. Die bösen Folgen guter Absichten machen die Paradoxie vollständig. Wird diese Einsicht ernst genommen, ist Moral blockiert oder muss in Sozialwissenschaften überführt werden. (GS III, 308)

In der kirchlichen Praxis (wenn auch bis heute nicht in der theologischen Doktrin[61]) ist die Hölle aufgegeben worden. Die

Pfarrer sprechen nur noch vom Heil statt von der Verdammnis, nur noch von der Liebe Gottes statt von Gottesfurcht. (GS III, 310) Wenn das Schema von Himmel und Hölle nicht mehr präsent ist, verliert dann der Funktionsbereich Religion nicht seine eigenständige Codierung? Luhmann fragt damit nach der Möglichkeit von Religion. Die Technik der binären Codierung wird von allen erfolgreichen Funktionssystemen benutzt. Alle Codes sind moralfrei konzipiert, d.h., ihr positiver oder negativer Wert hat nicht als solcher schon die moralische Qualität des Guten oder Schlechten. Kann die Religion nun an dieser ausdifferenzierten Codierungsstrategie teilnehmen und sich selbst auch moralfrei codieren?

Luhmann schlägt für den religiösen Bereich das Differenzschema von Immanenz und Transzendenz vor. »Immanent ist danach alles, was die Welt, wie sie ist, für innerweltliche Beobachtung bietet [...]. Transzendenz ist dasselbe – anders gesehen. Die (immanente) Vorstellung der Transzendenz operiert mit einem Bezugspunkt außerhalb der Welt. Sie behandelt die Welt so, als ob sie von außen gesehen werden könnte.« (GS III, 313) Douglas Hofstadter hat derartige Operationen als »strange loops« bezeichnet: »something *in* the system acts *on* the system as if it were outside«[62]. Die Paradoxie dieses Codes liegt auf der Hand: Alle Transzendenz ist nur immanent möglich, die nur einmal vorhandene Welt wird dupliziert. »Psychologisch heißt dies, daß der Glaube an die Wirklichkeit der Transzendenz unversehens immer wieder in den Glauben an die Wirklichkeit des Glaubens übergeht.« (GS III, 314) Das deckt sich mit den Rückzugspositionen moderner protestantischer Theologen, die man wohl kaum überinterpretiert, wenn man bei ihnen als das Einzige, woran sie glauben, noch den Glauben selbst konstatiert. Die gewollte Paradoxie in Dorothee Sölles Vorschlag, atheistisch an Gott zu glauben[63], weist auffallende Parallelen zu Luhmanns

Ideen auf, obschon er auf Sölle, wohl um innertheologischen Debatten aus dem Weg zu gehen, nicht Bezug nimmt. Anders aber ist Transzendenz heute nicht mehr zu bestimmen – denn »zuständig für's Unsichtbare ist jetzt die Physik« (GS III, 326).

Kein Individuum kann heute auf die Teilnahme an Funktionssystemen wie Ökonomie, Erziehung oder Recht verzichten. Bei der Religion – wie übrigens auch bei der Kunst – ist es umgekehrt. »Man kann geboren werden, leben und sterben, ohne an Religion teilzunehmen; und auch wenn die Religion sagen wird, daß dies alles in Gottes Welt geschieht, kann der Einzelne dies schadlos ignorieren. Die Möglichkeit religionsfreier Lebensführung ist als empirisches Faktum nicht zu bestreiten [...]. Alle anthropologischen Begründungen der Funktion von Religion brechen an diesem Tatbestand zusammen; weder Sinnbedürfnisse noch Trostbedürfnisse halten die Religion am Leben. Man kann höchstens sagen, daß sie sich bereithalten sollte, für den Fall, daß jemand solche Bedürfnisse kommuniziert.« (GS III, 349)

Inzwischen muss die Religion sich auch nicht mehr gegen den »falschen« Glauben anderer Religionen sichern, »sondern gegen weltliche Indifferenz« (GS III, 327). Sie muss nicht mehr Irrglauben, Ketzertum und Häresie bekämpfen, sondern offen und zugänglich sein, um überhaupt noch Klienten zu finden. Allerdings gibt es durchaus Nischen, in denen Religionsformen überleben können, die der Moderne nicht angepasst sind. Die heutigen Evolutionstheorien zeigen, dass auch unangepasste Systeme überleben können, wenn sie nur irgendwie ihre Autopoiesis fortsetzen können. Ebenso sind entsprechende Neubildungen möglich. Solche Erscheinungen werden dann als sektenhafte Züge wahrgenommen. Es handelt sich um »nichtadäquate Ersatzleistungen« – »nichtadäquat gemessen an der historischen, auf Differenzierung reagierenden Spezifikation des Bezugsproblems. Es kommt zu neu entstehenden Kulten, neuen Formen des Aberglaubens und religiösen Bewegungen, die aber nur subkulturelle Bedeutung gewinnen und im Partikularen verharren.« (FR 48) Empirisch gesehen, gibt es jedenfalls keinerlei Evolutionstendenzen in Richtung auf eine Vereinheitlichung oder Modernisierung der Religionen. Es könnte einfach so weitergehen, und die religiöse Nische wird gewiss »Respekt oder Schonung oder verfassungssichere Toleranz verdienen und erhalten« (GS III, 334). Das hält Luhmann aber nicht davon ab, die Frage zu stellen, ob es nicht anders geht, und einen Vorschlag zu skizzieren, welche Formen eine modernitätsangemessene Theologie annehmen könnte. Die Religion könnte dazu, wie andere Funktionssysteme auch, an der Möglichkeit der Beobachtung zweiter Ordnung teilnehmen. Sie kann dadurch die Voraussetzungen ihres eigenen Beobachtungsschemas nicht aufheben, wohl aber sich selbst dabei beobachten, wie sie andere Funktionssysteme beobachtet. Sie müsste dann erkennen, dass es andere Systeme überhaupt nicht mehr interessiert, wenn sie als »nur weltlich« abklassifiziert werden. Sie sollen und wollen so sein, wie sie sind. »Genau diese Einsicht wird jedoch blockiert, wenn die Religion an der moralischen Codierung ihrer Programmatik festhält und keine andere Möglichkeit sieht, den Code Immanenz / Transzendenz zu operationalisieren. Die Erfahrung des Puritanismus hat gelehrt, daß eine Extremposition in Richtung auf Unerkennbarkeit der transzendenten Position zu einem um so kruderen Moralismus führt.« (GS III, 335 f.) Luhmanns Vorschlag läuft also darauf hinaus, die Trennung der Funktionssysteme auch für einen einst so multifunktionalen Bereich wie die Religion voranzutreiben und ihr dadurch eine spezifisch moderne Gestalt zu geben. Gerade seine Religionssoziologie ist übrigens ein Hinweis darauf, dass bei ihm Elemente der Modernisierungstheorie gegenüber solchen der Postmodernität überwogen haben. Er radikalisierte historische und funktionale Aspekte der Modernisierung, statt zu verlangen, dass sie in irgendeiner Form überwunden werden. Aufgrund seiner Konzeption der Selbstbeobachtung konnte er reflexiv vorgehen, ohne einen Ort der Reflexion jenseits, außerhalb oder nach der Moderne annehmen zu müssen.

Mit dem alttestamentarischen Gott war noch direkte Kommunikation möglich. Er »sprach noch direkt zum Menschen mit voller, raumfüllender Stimme und mit Worten, die erinnert werden konnten« (SO IV, 230). Schon im Neuen Testament hört man ihn nicht mehr, sondern liest Texte, die die feierlichen, monumentalen, auf vorschriftsgemäße Erinnerung gerichteten Kommunikationsformen in den Hintergrund treten lassen. Vor allem wird deutlich, »daß Gott für seine Offenbarung einen bestimmten historischen Zeitpunkt gewählt hat, der für ihn zwar allzeitig ist, für den Menschen aber zur Vergangenheit wird. Damit wird auch das Problem bereinigt, daß Menschen kommen könnten mit der Behauptung, sie hätten Gottes Stimme gehört, und er habe dieses oder jenes mitgeteilt, habe sich zu Fragen der Atomenergie bzw. zur Politik des amerikanischen Präsidenten geäußert.« (GS III, 230 f.) Der Soziologe Luhmann macht klar, dass dies vor allem eine Enteignung der Führungsschichten der Gesellschaft ist, denn Abraham etwa war nicht irgendwer. Bisher hatte Gott vorwiegend zu den Patriarchen, Haushaltsvorständen, Sippenältesten und ähnlichem Führungspersonal gesprochen. Nun spricht er auch zu ihnen nicht mehr, weil es offensichtlich die bessere Lösung zur Entprivilegierung ist, »zu sagen: niemand, statt: jeder« (GS III, 231). Heute ist Kommunikation mit Gott vollends obsolet. Luhmanns ebenso ironische wie nüchtern-immanente Begründung: »Ich verkenne nicht, daß es für viele von uns, besonders in Notlagen, das Bedürfnis geben kann, mit Gott zu kommunizieren. Aber wozu? – wenn man ihn weder über etwas informieren kann, was er noch nicht weiß, noch erwarten kann, daß die Kommunikation ihn zu etwas motivieren könnte, was er anderenfalls nicht tun würde.« (GS III, 231)

Das Heilige ist nicht länger in der Welt zu verorten, man muss auf jedes Hiersein der Gottheit verzichten. In der Welt bleibt nur die Kommunikation über religiöse Themen. So liegt es nahe, Gott als die Transzendenz zu definieren und die Transzendenz als Gott. (GS III, 337) Die Aufgabe, die Einheit der Differenz, also von Transzendenz und Immanenz zu reflektieren, fällt dann der Theologie zu, die dies auf einem spekulativ eindrucksvoll hohen Niveau auch tut. Allerdings nicht unangefochten. Die Mystik bleibt immer ein alternativer Weg von eigentümlicher Rationalität, den Luhmann ausdrücklich gegen allzu oberflächliche Inanspruchnahmen für Zwecke von New-Age-Philosophien in Schutz nimmt. Sein eigener Vorschlag ist von mystischen Traditionen denn auch gar nicht weit entfernt, genauso wenig wie die Theologie des Nicolaus Cusanus (1401-1464), deren paradoxale Formeln er gern und oft zitiert. Gott steht nach dieser Vorstellung nicht einfach auf der Seite der Transzendenz, sondern jenseits aller Unterscheidungen, auch noch »der von Unterschiedenheit und Nichtunterschiedenheit. Er ist das non-aliud, das, was nicht anders ist als etwas anderes. In ihm fällt alles, was das Unterscheiden transzendiert, insofern, als es das tut, zusammen – also das, was nicht größer, und das, was nicht kleiner, das, was nicht schneller und das, was nicht langsamer gedacht werden kann (coincidentia oppositorum).« (EK 27) Luhmann fürchtet zwar, die gelehrte Theologie dadurch vollends zu verwirren, er schlägt aber vor, die Position der Einheit von Immanenz und Transzendenz mit »Gott« zu bezeichnen: »Einheit hieße hier: Ununterschiedenheit des Unterschiedenen. Es könnte auf diese Weise am Ende eine überraschende Konvergenz mit den Zielen östlicher Meditationstechniken erkennbar werden, die ja auf ein Abdämpfen, schließlich auf ein Weglassen aller Unterscheidungen hinauslaufen wollen.« (GS III, 339)

Gemeinhin wird westliche Hochtheologie gegen östliche Meditation gestellt, während die Gläubigen längst begonnen haben zu meditieren. Luhmann überspringt solche nur noch traditionell legitimierbaren Gebietsgrenzen und erkennt die Modernität der mystischen Wendung auf das Individuum.[64] Denn wenn auf der Seite der Transzendenz kein Gott mehr zu verorten ist (er ist ja die gedachte Einheit von Immanenz und Transzendenz), bleibt dieser Platz vakant für – das Individuum. Luhmann kann den Gläubigen mindestens einen, dafür aber exemplarischen Fall einer solchen Positionierung des Individuums nennen, nämlich Jesus von Nazareth. (GS III, 340) So sehr Luhmann darauf beharrt, als Soziologe zu sprechen, wird an solchen Stellen doch deutlich, dass er ins Feld der Theologie hinüberspringt. Jesus Christus als exemplarisches Individuum ist eine nicht mehr soziologisch, sondern allein noch theologisch verständliche Argumentationsfigur. Übrigens ist auch das ein Motiv moderner protestantischer Theologie: Der Glaube an Gott wird zwar meist aufgegeben oder, wie eben dargestellt, durch die intellektuelle Beschreibungsform einer Paradoxie ersetzt, der Glaube an Jesus hingegen als vorbildliche menschliche Person (also unter Abzug der bizarren Vaterschaftsdiskussionen) durchaus kultiviert. Luhmanns Ideen sind konsequent und schlüssig aus seiner Ausdifferenzierungskonzeption heraus gedacht. Sie treten allerdings keineswegs ganz von außen an die Theologie heran. Dort ist ihnen vorgearbeitet worden. Und trotz der vielen sarkastischen und ironischen Anmerkungen zeigt sich bei ihm ganz gegen die wissenschaftliche Konvention eine eigenständige religiöse Orientierung, die für ihn mehr sein muss als Privatsache, weil er sie so deutlich zeigt. Max Weber hatte bekannt, er sei religiös unmusikalisch, ein Bekenntnis, dem ich mich anschließen kann und von dem aus die Beobachtungsposition um so deutlicher zu beziehen ist, die in Luhmanns spekulativem Theorieangebot auch das Moment einer spezifischen Religiosität der Moderne zu erkennen vermag. Aber das ist selbst wieder Spekulation, denn explizit beharrt Luhmann auf einer Grunddistanz zur Theologie und darauf, dass er als Soziologe für Soziologen, als Wissenschaftler für Wissenschaftler schreibt.[65]

Soziologisch gesehen, ist die Transzendentalsetzung der Individualität so abwegig nicht. »Alle Gesellschaften vor Beginn der Neuzeit hatten Individualität nur bekannten, zugehörigen Personen zuerkannt.« (GS III, 347) Die immer stärkere Aufteilung in Funktionssysteme erfordert einen Kontextwechsel. »Individuen können ja nicht existentiell auf Funktionssysteme verteilt werden. Also muß Individualität jetzt nicht mehr durch Inklusion, sondern durch Exklusion bestimmt sein.« (GS III, 347) Das Individuum wird aus der Gesellschaft ausgeschlossen. Die Konzentration der Religion auf die Heilsbelange des Individuums, die lange Zeit als sinnvoller Ausweg erschien, erweist sich als Irrweg: »Die Individuen zeigen sich als undankbar; sie treten massenweise aus.« (GS III, 349) Religion ist nicht anthropologisch, also individuell unentbehrlich, sondern für das Kommunikationssystem Gesellschaft. Luhmann schlägt eine Minimalinterpretation des Codes immanent/transzendent vor, die so lautet: »[...] stelle jeder positiven und jeder negativen Erfahrung einen positiven Sinn gegenüber! Wenn und soweit Du das kommunizieren kannst, kommunizierst Du im System der Religion.« (GS III, 351) Alle Codierungen erfahren dadurch eine Art Supercodierung – es geht also um mehr als um eine »bloße Aufwertung und ›Sinngebung‹ negativer Erfahrungen« (GS III, 352).

Er denkt bei dieser Idee gewiss »an eine Sekte, die in Tenri, südlich von Nara, südlich von Kyoto zu Hause ist und die im

19. Jahrhundert gegründet wurde. Die hat die ganz einfache Regel, daß es in allem, was man erlebt, auch etwas Gutes gibt und daß man immer, wenn man unglücklich ist oder Leid erfährt oder auch angesichts von Tod und Krankheit, immer noch etwas Gutes finden kann.«[66] Dieses Beispiel ist leider so konkret, dass es schon wieder etwas unterkomplex erscheint, auch wenn viele Intellektuelle, die in Extremsituationen geraten, wie zum Beispiel Ernst Jünger als Täter und gleichzeitig als Opfer in den Materialschlachten des Ersten Weltkriegs, solche Formen von Religiosität zu äußern pflegen: Letztlich muss alles doch einen Sinn haben, der aber nicht offenkundig ist. Er kann also nur religiös sein. Offen bleibt, ob vielleicht eine Zweitcodierung gegenüber den dominanten Funktionssystemen gemeint sein könnte, also für überführte Übeltäter Liebe im Sinne von Caritas oder Vergebung als religiöse Zweitcodierung zur Strafe, die sie vom Rechtssystem zu erwarten haben. Luhmann überlässt es den Theologen, hier Anknüpfungsmöglichkeiten zu finden. Für diese bleibt damit immerhin die Hoffnung auf Weiterarbeit in zeitangemessener Form.

Luhmanns Vorschlag, das Individuum anstelle von Gott auf der Seite der Transzendenz zu platzieren und diesen stattdessen als Einheit der Unterscheidung von Transzendenz und Immanenz zu begreifen, kann theologisch gesehen übrigens noch einen weiteren wesentlichen Grund für sich anführen: die wohl kaum reversible Erosion des Glaubens an den Teufel und die Hölle. »Mit dem Verzicht auf Teufel und Hölle hakt die ganze Konstruktion aus, mit der man Transzendenz respezifiziert hatte. Die Transzendenz verliert ihre Anschlußfähigkeit, damit ihre Eignung als Positivwert des Codes und damit ihre Fähigkeit, Gott zu charakterisieren.« (SO IV, 241) Luhmann als Theoretiker der Differenz muss sich für den Teufel und seinen Verbleib natürlich besonders interessieren. Dieser mag sich aus der

Alltagsreligiosität zwar vollständig zurückgezogen haben, in der protestantischen Theologie aber hat er, wie man aus Thomas Manns *Doktor Faustus* wissen kann, immer eine prominente Rolle gespielt. Geradezu fasziniert war Luhmann von einem Text Virgilio Malvezzis aus dem Jahre 1535, den er gleich an mehreren Stellen ausführlich auf seine Art frei paraphrasiert.[67] Ich zitiere eine dieser zugespitzten Paraphrasen:

»In der religiösen Kosmologie hatte der Teufel die Funktion, die moralische Differenz in die Welt einzuführen. Gott beobachtend (wenn das einmal zugelassen ist!), konnte er nicht die Idee haben, sich zum Herrn Gottes aufzuschwingen, denn das hätte bedeutet: besser sein zu wollen als das Beste, und einer sein zu wollen als das Eine. Schon die natürliche Vernunft mußte ihm sagen, daß das nicht geht. Es blieb ihm nur die Möglichkeit, eine Differenz in die Welt einzuführen und sich hinter Grenzen zu verschanzen. Da aber das Eine schon gut war, konnte die Differenz nur als das Böse gefunden werden. Der arme Teufel, er mußte, ob er wollte oder nicht, in der Beobachtung Gottes böse werden. Der Lichtträger, der gegenüber der anschlußfähigen Positivität eine Beobachtungsposition, einen Reflexionswert etablieren wollte, mußte diesen in bezug auf Positivität negativ, und das heißt: als Prinzip des Bösen formulieren. Wie anders hätte man Licht in die Welt bringen können?« (WI 265 f.)

Nach dem Ende der religiösen Kosmologie, deren Rolle die Physik übernommen hat, nach dem Ende der religiösen Differenzierung von Gutem und Bösem, deren Rolle das Rechtssystem übernommen hat, und nach dem Auszug Gottes aus der Transzendenz in die Immanenz des Glaubens ist der Schluss, wie ich meine, zwingend, dass nunmehr dem Individuum der Platz in der Transzendenz gebührt und dass der Teufel als einstmals notwendige Unterscheidung damit ausgespielt hat. Wenn er nicht heute im Individuum steckt.

Bleibt das »Gespenst einer Zivilreligion«, das ein so prominenter Theologe wie Jürgen Moltmann zu beschwören versuchte.[68] Der Begriff ist bekannt geworden durch Rousseaus *Contrat social*.[69] Reaktualisiert wurde dieser Begriff als »civil religion« durch den amerikanischen Soziologen Robert Bellah, der heute einer der wichtigsten Autoren der viel diskutierten Kommunitarier ist.[70] Luhmann hat ihn in die deutschsprachige Diskussion reimportiert und damit z.B. Hermann Lübbe angeregt, eine religionspolitische Strategie darauf aufzubauen.

Der Begriff »soll Mindestelemente eines religiösen oder quasireligiösen Glaubens bezeichnen, für den man bei allen Mitgliedern der Gesellschaft Konsens unterstellen kann. Hierzu gehört die Anerkennung dessen, was man in der deutschen politischen Diskussion gegenwärtig ›Grundwerte‹ nennt, also die Anerkennung der in der Verfassung kodifizierten Wertideen.« (SO III, 293) Mit Religion hat das insofern zu tun, als es sowohl historische als auch theoretisch-soziologische Gründe gibt, dieses »Phänomen öffentlicher Wertorientierung als Religion oder als Ersatzreligion aufzufassen« (SO III, 293). Im 18. Jahrhundert ging es zunächst darum, Politik für Gläubige und Ungläubige gleichermaßen zugänglich zu machen. Rousseau versuchte, die Grunddifferenz von Mensch und Bürger (homme und citoyen), die in seiner Theorie nicht gelöst werden konnte, mit einem quasireligiösen Zug doch noch zu überspringen. Die Theologen reagierten außerordentlich skeptisch, weil sie hier eine neue Religion mit Konkurrenzanspruch vermuteten. Soweit die Zivilreligion Legitimationen für Staat und Gesellschaft liefert, ist sie in der Tat eine Nachfolgeerscheinung traditioneller religiöser Legitimationsformen, die durch die Aufklärung zerstört worden sind. »Zivilreligion läßt sich demnach als Restbestand der Religion im Bereich des Politischen und des Staates beschreiben, der sich (bisher) als aufklärungsresistent erwiesen hat. Dieser Rest ist durchaus nicht ohne Belang; das zeigt sich zum Beispiel, wenn Kennedy meinte, daß die Menschenrechte sich nicht der Autorität des Staates, sondern Gottes verdanken.«[71] Luhmann schlägt vor, die Differenz von Zivilreligion und kirchlich organisierter, orthodoxer Religion nach dem Muster der Systemdifferenzierung zu analysieren. Dann zeigt sich kein Konkurrenzverhältnis, sondern eine notwendige Koexistenz. Das könnte folgendermaßen aussehen: Die politischen Parteien in Deutschland operieren alle mit grundsatzprogrammatischen Vorstellungen, die an Grundwerten wie Freiheit, Gerechtigkeit und Solidarität orientiert sind. Diese Grundwerte werden von SPD und CDU sogar gleichermaßen artikuliert, sodass die bloße Darstellung einer Zivilreligion »als Äußerung einer politischen Partei überheblich und belehrend, also deplaciert« (SO III, 305) wäre. Die zivilreligiösen Werte haben mithin nur einen begrenzt unterscheidenden Wert und entsprechen eigentlich gar nicht der Differenzlogik des Parteiensystems. Hinzu kommt, dass sie sich nur sehr bedingt in Richtung auf bestimmte politische Forderungen konkretisieren lassen. In der Wertartikulation sind zudem die Grenzen des politischen Systems und damit auch des politisch Möglichen nicht reflektiert. Für den politischen Bereich erweist sich die Systemdifferenzierung somit als außerordentlich problematisch.

Auf der religiösen Seite hält Luhmann fest, dass sich in dieser Situation religiöse »Dogmatik sowie Kontaktaufnahme und Interaktion im kirchlichen Leben« begreifen lassen »als dasjenige Instrument, das Zivilreligion erst eigentlich zur Religion macht« (SO III, 305). Eine Einheit der Dogmatik oder ein Konsens in allen Resultaten ist dann allerdings nicht mehr möglich, es herrscht vielmehr »Zugänglichkeit für jedermann« (SO III, 306). Die Funktion einer Bürgerreligion könnten also nur solche Religionen ausüben, die keine Gruppe der Bevölkerung ausschließen.

Selbstverständlich hat die Soziologie die Zivilreligion mit einiger Distanz zu betrachten und kann religionsähnliche Phänomene und funktionale Äquivalente für Religion empirisch aufdecken – »zum Beispiel Rauschmittel oder Staatsfeiern oder Plakate, die im Namen der Arbeiterklasse, ihrer Partei oder des roten Oktobers Überstunden fordern« (SO III, 302). Natürlich ruft sie nicht mehr zum Kult der Gesellschaft oder der Vernunft auf. Sie ist aber, wie Luhmann konstatiert, in einer merkwürdigen »Zwangslage, die auf Anerkennung der Zivilreligion hinauszulaufen scheint« (SO III, 302). Er überlässt es den Theologen, nun in der Soziologie deren latente Religiosität nachzuweisen, oder den kritischen Theoretikern, darin einen Konservativismus zu entdecken, weil die Gesellschaft Religion zur Domestikation der unteren Klassen benötige. (SO III, 308) Luhmann hält dagegen, dass keine Gesellschaftstheorie die Frage offenlassen kann, was an die Stelle der Religion tritt, wenn man diese aufgeben will. Sein Gedanke einer Zivilreligion ist durchaus wertend gemeint, so sehr das überraschen mag, weil er den Moraldiskurs durch konsequente Ausdifferenzierung ja gerade abdrängen und durch das Rechtssystem möglichst weitgehend ersetzen will. An seiner Behandlung der Zivilreligion ist zu erkennen, dass die übrig gebliebenen und offenbar nicht auszutreibenden Moralreste hier als Grundwerte ihre Zuflucht finden. Seine Ausdifferenzierungskonzeption muss Luhmann dazu relativieren und eine Ebene der *Gesamtgesellschaft* annehmen, die als soziale Umwelt jedes ihrer Teilsysteme ein eigenes System bildet, und damit eine Ebene, auf der die Funktionen nicht mehr ausdifferenziert werden können. Die Gesamtgesellschaft erfährt also eine Sonderbehandlung, und in ihr ist der Ort für die Zivilreligion. »Die Gesellschaft ist also immer eine undifferenzierte und eine differenzierte zugleich je nachdem, ob sie als jeweilige Umwelt ihrer Teilsysteme oder als Gesamtheit dieser

Teilsysteme fungiert.« (SO III, 302) »Gesellschaft« wird damit zu einem »Doppelbegriff« für ein System und für dessen interne Umwelt. (SO III, 303) Das ist nicht nur kompliziert, sondern bewegt sich an der Grenze des Paradoxalen. Es gibt eine Stelle in Luhmanns Werk, an der er Lösungsmöglichkeiten für diese Paradoxie zeigt, dort nämlich, wo »Zeit und Geschichte an genau die Theoriestelle treten, wo früher Natur, Normen oder Werte als Sicherheitsspender fungierten« (SY 175). Die Zivilreligion erscheint dann nur noch als eine Form, um die nicht mehr nötigen Werte mit höheren Weihen zu versehen, und es wäre nüchterner, von Wertkonsens oder Basiskonsens zu sprechen, der nun allerdings, wie Luhmann vollkommen zu Recht anmerkt, jederzeit problematisiert und gegebenenfalls negiert werden kann – und zwar möglichst wieder in dafür ausdifferenzierten Teilsystemen. Der Basiskonsens wäre dann eine funktionsadäquate Alternative zur Zivilreligion unter Verzicht auf eine Verankerung im Sakralen. Seine Position gegenüber der Zivilreligion ist ambivalent geblieben. Sie war eines der vielen Theorieangebote, deren Übernahme und Ausgestaltung er den einzelnen Funktionsbereichen selbst überließ.

9. Die Kunst der Gesellschaft

»Imitiert die Kunst vielleicht nur noch das gesellschaftliche Streben nach Neuem, um es ad absurdum zu führen? Und wird vielleicht das mit dem Begriff der Postmoderne reflektiert?« (AK 47)

Über Kunst wird in Luhmanns Studie kaum gesprochen, sondern vielmehr über das Kunstsystem: »Es geht also, was Kunst betrifft, nicht um eine hilfreiche Theorie.« (KG 9) Luhmann will damit keineswegs ausschließen, dass der eine oder andere Künstler von seinem Theorieangebot zu neuen Ideen und Perspektiven angereizt werden könnte – womöglich gar durch produktive Missverständnisse. Das aber kann sich nur im Kunstsystem selbst entscheiden, während Luhmanns Text ein kunstbeobachtendes System ist. Ganz anders als für Adorno, der in der Kunst die einzige Antithese zur verwalteten Welt sah, war sie für Luhmann nur ein Gegenstand der Soziologie unter anderen. Eine auf Universalität zielende Gesellschaftstheorie kann nicht ignorieren, dass es Kunst gibt. Nur aus diesem Grund hat er seiner eigenen Aussage nach das Buch geschrieben, nicht aus einer besonderen Neigung für den Gegenstand. (KG 10)

Luhmann geht von der Grundunterscheidung zwischen Wahrnehmung und Kommunikation aus, die in der bisherigen akademischen Ästhetik nicht vorkommt.

Das Kunstsystem als besonderes und autopoietisches System hat sich seit dem späten Mittelalter ausdifferenziert und sich als autonom gesetzt. Der entscheidende Durchbruch erfolgte in der italienischen Renaissance an städtischen und kleinstaatlichen Fürstenhöfen. Autonomie ist hier nicht als Willkür, Beliebigkeit oder Zufall zu verstehen, sondern als Unterwerfung unter strenge, aber selbst erzeugte und allein intern begründete Ordnungszwecke. Autonomie heißt auch nicht, dass die Kunst sich (trotz aller Bohèmeerscheinungen) außerhalb der Gesellschaft ansiedelt: »Sie ist und bleibt immer selbst Vollzug von Gesellschaft, ist und bleibt immer selbst Kommunikation.« (AK 13) Die operative Schließung des Kunstsystems konnte als erreicht gelten, als sie auch über eine eigene Geschichtsschreibung zu verfügen begann.

Ein neuer Entwicklungsschub und Ausdifferenzierungsschritt erfolgte gegen Ende des 17. Jahrhunderts mit der Entstehung eines Kunstmarktes. Im Vergleich zu höfischen und städtischen Auftraggebern bot der Markt wesentlich größere Freiheitsmöglichkeiten und gab dadurch dem Kunstsystem die Chance, seine Autonomiepotenziale zu steigern. Die Kunstgeschichte wurde nun wesentlich als Stilgeschichte erzählt. Der Verzicht auf bestimmte soziale Anlehnungskontexte lenkte die Reflexion auf die Identitätsprobleme der Kunst selbst. Autonomie bedeutete, dass kein anderes Teilsystem mehr, weder die Kirche noch die Höfe, für Kunst zuständig war. Sie musste sich selbst reflektieren, was vor allem in der Romantik mit allen Mitteln der ironischen Brechung, Spiegelung und Selbststeigerung geschah. Sogar die Unverständlichkeit, die Inkommunikabilität konnte hier noch kommuniziert werden. »Die Paradoxie gelingt – als Form. Das Fragment gelingt – als Text. Ironie wird verstanden. [...] Was auf diese Weise sichtbar wird, ist die unverwüstliche Robustheit der Autopoiesis der Kommunikation. Es geht weiter – auch wenn man nicht weiß wie.« (AK 24)

Dennoch scheint es bestimmte Grenzen zu geben. Bloße

Selbstreferenz gibt es wohl nicht einmal im Kunstsystem, denn bei jedem Selbstbezug muss immer schon die Unterscheidung des Selbst von etwas anderem mitgesehen werden. Traditionell ist der Bezug auf das Andere als Nachahmung der Natur, als Mimesis gedacht worden. Der Vorwurf von Sokrates und Platon, die dies für Vorspiegelung und Lüge hielten, hat dieser Konzeption kein Ende bereiten können. Neuzeitlich aber, mit dem Einsetzen funktionaler Systemdifferenzierung, konnte Kunst nicht mehr den Anspruch erheben, die Einheit der Gesellschaft oder gar die Einheit mit der Natur darzustellen. Symbole sind die charakteristische Form, um das zunehmend ausdifferenzierte Andere der Kunst, das immer unzugänglicher wird, nicht mehr als Einheit, aber doch in verdichteter Form, also immer noch als Erinnerungsform, zu vergegenwärtigen. Je stärker sich die Kunst ausdifferenziert, desto mehr werden Symbole allerdings durch Zeichen ersetzt, durch Allegorien zunächst. Der mimetische Zusammenhang wird immer lockerer, die Freiheitsspielräume für die Zeichengestaltung immer größer. Das geht bis hin zum »offenen Kunstwerk« von Umberto Eco, das auch nicht beliebig funktioniert, nichtsdestoweniger in einem Kontext antizipierter Bedeutungsmöglichkeiten im Hinblick auf den Rezipienten operiert. Die Offenheit ist also zum Kunstbetrachter hin angelegt.

Die Ausdifferenzierung hat noch eine weitere wesentliche Implikation. Kunst steht zunehmend unter Innovationsdruck. Das Wort »Kopie«, das ursprünglich die »copia«, den Reichtum des Wissens, bezeichnete, wird nun zum Schimpfwort. Das Kunstwerk muss neu und vor allem ein Original sein. (AK 42) Mit zunehmender Ausdifferenzierung ist ein Funktionssystem um so mehr angehalten, ständig Neues zu produzieren. Das Gleiche gilt für die übrigen Systeme: neues Wissen, neue Liebschaften, neue Produkte, neue Gesetze und selbst in der Theologie neue und neueste hermeneutische Lesarten verehrter Texte. (AK 46)

Das Kunstsystem vor allem kapriziert sich aber geradezu monomanisch auf die Unterscheidung von Altem und Neuem. Deshalb war es einer der intellektuell aufregendsten Schachzüge Jean-François Lyotards, die These aufzustellen, dass es die Postmoderne schon vor der Moderne gegeben habe, denn hier scheint eine der wenigen Chancen zu liegen, die Unterscheidung zwischen Altem und Neuem selbst zu dekonstruieren.[72]

Luhmann hat sich sehr lange mit der Frage beschäftigt, was letztlich das Differenzmerkmal ist, das das Kunstsystem von anderen Systemen unterscheidet. Welche Codierung bildete ein Analogon zu wahr/unwahr oder gut/böse? Traditionell hat die Ästhetik mit der Differenz von Schönem und Hässlichem gearbeitet. In den Kunstwerken kamen zwar immer schon hässliche Dinge vor, Morde, Fratzen, Stürme, Ungeheuer, aber das Hässliche blieb doch eine Nebenidee. Wenigstens dem Gesamtbild wurde Schönheit zugesprochen, um so den Codewert »gegen die durchgehenden Proteste des Systems selbst beizubehalten« (KG 310 f.). Damit zeigt sich, dass die Schön-hässlich-Codierung in Wirklichkeit wohl nie angemessen war, weil sie nicht nur auf Kunstwerke, sondern immer auch auf andere Objekte, zum Beispiel auf Menschen, angewandt werden konnte. Was Kunst ausmacht, sind wohl eher Operationen der Beobachtung, Herstellung und Betrachtung von Kunstwerken, die als solche weder schön noch hässlich sind. Vermutlich sind die bei diesen Operationen vorwiegend verwendeten Wertkriterien umstandslos als Merkmale des Kunstsystems selbst aufgefasst worden.

Wenn Schönheit das Kriterium für Kunst war, dann konnte misslungene Kunst nur noch als Nichtkunst ausgesondert werden. Das war allerdings unterkomplex. Eine Theorie des Kunstsystems muss hier mindestens eine Vierermatrix verwenden und außer Kunst und Nichtkunst auch gelungene und misslungene

Kunst unterscheiden können: »Auch mißglückte Kunstwerke sind Kunstwerke – nur eben mißglückte.« (KG 316) Eine wirkliche Alternative zu der längst dekonstruierten Differenz von Schönem und Hässlichem ist aber immer noch nicht gefunden worden. Viele Ästhetiker schlagen vor, die Form zu betrachten, die die exzeptionelle Wiedererkennbarkeit von Kunst garantiert. Die systemische Einheit von Formen lässt sich mit dem Stilbegriff erfassen, den Luhmann zu diesem Zweck eindeutig funktionalistisch versteht. (KG 358) Kunst wäre dann als Prozess der Selbstprogrammierung zu verstehen, der die jeweils offenen Freiräume für das Neue vorgibt und mit jeder Innovation durch den Einbau von Überraschungen auch verändert. Was zu einem bestimmten Zeitpunkt als Überraschung gelten kann, wird systemisch vorstrukturiert. Die Zahl der verrückten Ideen, die nicht als neue und neueste Kunst anerkannt wurden, ist bei aller Spektakularität der ästhetischen Innovationen im 20. Jahrhundert deutlich größer als die des approbierten Neuen. Aber das ist immer eine Entscheidung des Kunstsystems selbst, die die Soziologie nur abwarten und beobachten kann.

Diese autonome Unterscheidung stellt ganz offenbar die letzte Unterscheidung dar, mit der das Kunstsystem sich selbst konstituiert. Vor diesem Schritt, der sich eigentlich konsequent aus seinen Überlegungen zur Autonomisierung des Kunstsystems ergibt, ist Luhmann dann doch zurückgeschreckt. Dabei liegt er außerordentlich nahe. Wenn die Kunst in radikalster Weise immer wieder ihre Grenzen überschritten und neu bestimmt hat, ist sie dabei doch fast immer noch als Kunst erkennbar geblieben – notfalls einfach durch Selbstdeklaration. Die Kunst hat damit, auch wenn alle anderen Kriterien dekonstruiert sind, immer noch die Oberhoheit über sich selbst behalten und scheint in der Lage zu sein, sich als System schließen und vom Design, von der Werbung oder von Häkelarbeiten hinreichend deutlich abgrenzen zu können. Luhmann vermag diesen Punkt nur noch als Anekdote zu sehen: Er berichtet, dass ein Vortragender im Bielefelder Kunstseminar einen Stuhl auf den Seminartisch stellte, ein Bettlaken darüber deckte und einen Fleischhammer darauf legte. Dann telefonierte er mit einem Freund, um zu fragen, ob es ein Kunstwerk sei. Der Freund hat es bestätigt. Der Soziologe fragt: Wen kann man, wen muss man in solchen Fällen anrufen? (AK 98 f.)

Luhmann sieht in derartigen Geschichten das Problem, dass hier eine Überbietungswelle vorzuliegen scheint, »wo genau das Überbieten selbst wieder zum Punkt wird und wo die Frage auftaucht: Gibt es eine Deklarationskompetenz des Künstlers? Wer ist das, oder welche Institutionen sind es? Oder muß man nicht doch – und das wäre dann wieder Komplexität – auf eine Schwierigkeit in der Ausführung des Werkes kommen? Irgendwas muß auch scheitern können, irgendwas muß schwieriger werden, oder man muß sich Hindernisse aufbauen, Probleme, die man dann löst.« (AK 99)

Moderne und postmoderne Kunst sind zuletzt für Luhmann zur *Weltkunst* geworden. Durch Formgebrauch wird die Magie der Dinge – dass sie nämlich sind, was sie sind – gebrochen. Der Beobachter gewinnt Distanz. Er wird zu neuen Möglichkeiten des Sehens animiert. Die Selbstreferenz des Kunstprozesses kann dabei durchaus so weit gehen, dass die Formung an den Grenzen des – ja selbst vom Kunstsystem und dessen Geschichte bestimmten – noch als Kunst Möglichen auch die Rückprojektion der Reflexion auf den Kunstcharakter selbst provoziert. Dies ist dann durchaus gewollt, und die wechselseitige Empörung des Künstlers, der darauf besteht, dass das, was er gemacht hat, Kunst sei, und des unaufgeklärten Publikums oder der Kritiker, die ebendies bestreiten, gehört in die Grenzreflexion mit hinein. Die Selbstbeobachtung zweiter Ordnung hat im Kunstsystem einige provozierendere und überraschendere Wendungen als in anderen Systemen genommen. Im Großen und Ganzen geht sie aber den Weg aller Systeme.

Wirkliche Universalität und wirklichen Weltkunstcharakter erlangt sie erst dann, wenn sie es ermöglicht, »jederzeit und bei jeder Gelegenheit gegenstandsunabhängig ästhetische Erfahrungen zu aktualisieren, das heißt: kunstmäßig zu beobachten« (WK 25). Dieser Prozess der Anstachelung eines hoch entwickelten und hoch spezifischen Differenzierungsvermögens scheint Grenzüberschreitungen geradezu vorauszusetzen – ob dies nun in der Milieumalerei der Holländer (und Spitzwegs), in den Romanen von Laurence Sterne bis James Joyce oder in der Müllkunst unserer Tage geschieht. »Aber das Ziel ist nicht der Alltag als solcher, sondern die gegenstandsunabhängige Universalität des kunstmäßigen Beobachtens.« (WK 25)

Deshalb kann Luhmanns an der Kybernetik zweiter Ordnung orientierte Theorie beobachtender Systeme durchaus als angemessenes Analyseinstrumentarium für moderne Kunstprozesse gelten. Die moderne Kunst ist Weltkunst genau in dem Sinne, dass sie eine auf eigenes ästhetisches Unterscheiden hin angelegte Welt konstruiert: »Man hat den im Kunstwerk festgelegten Anweisungen zu folgen – oder man versteht es nicht.« (WK 25) Die Leistung der Form zeigt sich also gerade darin, dass sie den Beobachter festzulegen vermag, obwohl sie als kontingent gesetzt erkennbar bleibt. Im Falle des Misslingens manifestiert sich hier das formale Scheitern. Der Formfindungsprozess ist dabei nicht wie eine programmierte Maschine, sondern wie eine historische Maschine zu verstehen. (WK 29) Die Künstler selbst mögen sich durchaus gegen diese Beobachtung zweiter Ordnung wehren und »die Position erster Ordnung mit Wertbegriffen wie authentisch, spontan, wahr, echt, ehrlich, ursprünglich verteidigen« (WK 29). Dies kann wiederum raffiniert oder naiv vor sich gehen. Die ästhetische Theorie beobachtet das alles dann auf einer dritten Ebene. Sie beobachtet das Beobachten, das durch die künstlerische Weltbeobachtung hervorgerufen wird. »Das führt, wie man aus eher kybernetischen, linguistischen, logischen und systemtheoretischen Forschungen weiß, zu einem überlegenen Strukturreichtum, der die ›Praxisnähe‹ abreißen läßt, zumindest gefährdet.« (WK 32) Eine Rezepttheorie für Künstler kann dabei nicht mehr herauskommen. Das gehört zum Preis des Ausdifferenzierungsprozesses.

Kann eine so verstandene Kunst irgendeinen Objektivitätsanspruch erheben? Kann es so etwas wie künstlerische Wahrheit unter diesen Umständen noch geben? Gewiss kann Kunst nicht für sich reklamieren, die Welt besser zu beobachten, als dies etwa Wissenschaftler können. Sie kann aber die Welt beim Beobachtetwerden beobachten und dadurch auf Prozesse und Unterscheidungen aufmerksam werden, die der realen Realität des Üblichen die Möglichkeitswelt der Fiktionalität im Sinne abweichender Wahrnehmungsweisen gegenüberstellen. (WK 40) Sie forciert die Welt- und die Selbstvergessenheit des Beobachtens. (WK 43) Der damit verbundene tatsächliche psychische Gewinn mag so gering sein, dass viele auch ganz gut ohne Kunst leben können. Wer aber einen ästhetischen Sinn hat, der kann sich hier die Welt als ontologischen Sachverhalt dekonstruieren lassen in die Multivarietät des ästhetischen Scheins.

10. Die Moral der Gesellschaft: Paradigm Lost

»Außerdem handelt es sich um einen hochinfektiösen Gegenstand, den man nur mit Handschuhen und mit möglichst sterilen Instrumenten anfassen sollte. Sonst infiziert man sich selbst mit Moral [...].« (GS III, 359)

Die Moral verwendet den Code gut/schlecht bzw. gut/böse und unterscheidet sich damit vom Recht (rechtmäßig/unrechtmäßig) oder von der Wissenschaft (wahr/falsch). Ein Seitenblick auf die mit Luhmann konkurrierende Lehre von Jürgen Habermas, die sich um ähnliche Festlegungen bemüht, dürfte hier außerordentlich instruktiv sein. Für die Bereiche Wissenschaft und Recht herrscht Einigkeit, für den normativen Bereich nimmt Habermas aber die Differenz richtig/falsch an. Damit rückt er das Einhalten oder Nichteinhalten von Normen sehr nahe an den kognitiven, den wissenschaftlichen Bereich – er versteht seine Ethik dementsprechend auch als kognitive Ethik. Gut/schlecht bzw. gut/böse scheint mir jedoch die besondere Art, wie im moralischen Bereich gewertet wird, besser wiederzugeben. Mit der Negativsetzung »böse« geht Luhmann sehr vorsichtig um, seine Zurückhaltung ist vermutlich den theologischen Anklängen geschuldet (Marx hätte von den »theologischen Mucken« des Begriffs gesprochen). Seit Kant den Begriff des radikal Bösen in die Diskussion brachte, haben wir es allerdings mit einer enttheologisierten, wenn auch außerordentlich ungemütlichen Idee zu tun: »Der autonome Mensch wird am Ende des Zeitalters der europäischen Aufklärung zur Ursache alles Bösen in der Welt«[73], nachdem die Philosophie zuerst die Hölle und dann auch den Himmel leer geräumt hat.

Die Ethik definiert Luhmann demgegenüber als Reflexionstheorie der Moral. Als solche hat sie sich erst am Ende des 18. Jahrhunderts herausgebildet, während sie vorher, z.B. klassisch bei Aristoteles, eine Beschreibung des normativen Bereichs der Welt war. Die philosophische Tradition hat Ethik meist als Begründungstheorie der Moral angesehen – bis hin zur heutigen Diskursethik, die sich in der von Karl-Otto Apel vorgetragenen Variante um eine kommunikative Letztbegründung bemüht.[74] Dazu benötigt man so etwas wie einen Archimedischen Punkt. In Luhmanns Denken sind aber alle derartigen Punkte selbst nur Bestandteile der Welt und so in die Analyse einbezogen.[75] Gegen die philosophischen Begründungsanstrengungen setzt Luhmann deshalb ein schlichtes Faktum: »Die Ethik kann die Moral nicht begründen, sie findet sie vor.« (EM 360) Das ist das charakteristische Argument eines Empiristen. Wieder einmal erweist sich hier die Nützlichkeit seiner Grundannahme: »Es gibt Systeme.« Ethik wird funktional definiert als »jede kognitive Beschreibung, die sich auf Probleme der Moral einläßt und sie zu reflektieren versucht« (EM 371). Mitunter geht er allerdings über diese recht zurückhaltende Bestimmung hinaus und gesteht zu, dass Ethik als selbstreflexive Theorie der Moral mehr sein muss als bloße Beschreibung und ihre eigenen Bemühungen einem moralischen Urteil unterstellen muss. (EM 445)

Soziale Systeme sind Kommunikationssysteme. Moral ist dementsprechend eine besondere Art der Kommunikation, nämlich der Ausdruck von menschlicher Achtung oder Missachtung. (EM 361 ff., PL 17 ff.) Im Unterschied zu gut/böse ist dieser binäre Code empirisch fassbar und wird deshalb von Luhmann bevorzugt. Für den Soziologen kommt es darauf an, Moraläußerungen in einer Form zu rezipieren, die aus ihnen soziale Tatsachen macht. In traditionalen Gesellschaften sind die Bedingungen für die Kommunikation von Achtung und Missachtung meist durch unformulierte Selbstverständlichkeiten vorgegeben. In Gesellschaften dagegen, die größer und komplexer geworden sind, wird das Risiko, mit moralischer Kommunikation zu scheitern, deutlich größer, zumal »man die Personen nicht mehr kennt, die man mit Moral überzieht« (EM 362f.). Solche Gesellschaften bilden deshalb eine Ethik aus, »mit der die Moral in ihrer Moralität gegen etwaigen Widerspruch abgesichert wird« (EM 363). Diese soziologische Überlegung verdeutlicht, warum der erste Schritt fast aller Ethiken ein Begründungsversuch ist.

Im Unterschied zur fachlichen Ausdifferenzierung von Spezialleistungen z.B. als Sportlerin oder Musiker »beziehen sich die Begriffe Achtung/Mißachtung auf die *Person als Ganze* und auf ihre Zugehörigkeit zur Gesellschaft« (EM 365). Und damit wird die Sache außerordentlich interessant. Moralische Kommunikation ist symmetrisch und inklusiv. Wenn man anderen Verbindlichkeiten zumuten will, muss man sie auch für sich selbst akzeptieren und sich selbst einschließen. Kompliziert dagegen wird es mit der Exklusion. »Als Kommunikationsteilnehmer sind andere nicht zu eliminieren, es sei denn: man tötet sie. [...] Jedenfalls muß man, wenn man nicht tötet, ertragen, daß andere, die den Moralgeboten nicht folgen, trotzdem noch da sind. Wir können sie moralisch verurteilen, sie mit Verachtung strafen. Dann müssen wir hinnehmen, daß sie ungestört weiterreden und ihre Ansichten verbreiten. Wir versuchen, ihnen wenigstens den Zugang zu den Massenmedien abzuschneiden. Dann drucken und funken sie selber.« (EM 367) Luhmann denkt bei diesem Beispiel insbesondere an Terroristengruppen. Bemerkenswert ist, dass er die Konsequenzen aus diesem Beispiel gegen die Moral wendet. Diese muss nämlich die Unmöglichkeit der Exklusion kompensieren. Das gibt ihr ihre »Emphase, ihren Eifer, ihre Aufdringlichkeit. Man kann nicht ausschließen, man kann nur bewerten. Das führt, wenn nicht Restriktionen eingebaut werden, sehr rasch in die Heftigkeit, die Zornigkeit, die kämpferische Aufspreizung des moralischen Urteils. Wenn man nicht töten kann oder nicht töten will, muß man etwas *statt dessen* tun.« (EM 368) Luhmann betont vorsorglich, dass er dies rein empirisch und nicht seinerseits moralisierend meint. Er will lediglich auf ein bisher so nicht gesehenes und ungelöstes Problem verweisen. Allerdings muss er zugeben, dass man niemanden daran hindern kann, es moralisierend zu betrachten.

Moral hat also »eine Tendenz, Streit zu erzeugen oder aus Streit zu entstehen und den Streit dann zu verschärfen. Moral ist polemogener Natur.« (EM 370) Das hält Luhmann für die Hauptgefahr und das Grundproblem moralischen Argumentierens. Man setzt bei moralischen Meinungsverschiedenheiten seine Selbstachtung ein und kann dann nur schwer den Rückzug antreten. »So können Steppenbrände entstehen – und die Erfahrungen, die Europa seit dem Hochmittelalter mit religiös aufgezogenen Aufständen und Unterdrückungen, mit den Schrecken der Inquisition, mit Kriegen um moralisch verbindliche Wahrheiten und mit aus Empörung entstandenen Revolten gemacht hat, sollten eigentlich beim Stichwort Moral immer gleich dieses Problem vor Augen führen.« (EM 370) Moralisierung tendiert dazu, den Konfliktstoff zu generalisieren, während die Bezugnahme auf Recht ihn eher einschränkt. (TM 55) Moral, Streit, Gewalt, Terror, Aufruhr und Krieg liegen für Luhmann nahe beieinander. Vor diesem Hintergrund wird deutlich, dass es als scharfe Kritik gemeint war, wenn er Jürgen Habermas als politischen Moralisten kennzeichnete. (SO III, 185)

Die Ethik als Beobachtungskonzeption der Moral hat diese Schwierigkeit »übergangen, wenn nicht geflissentlich ignoriert«

(EM 370) und gute Gründe dort angeführt, wo es eher schon zu viele gab. Stattdessen sollte sie sich fragen, ob Moral selbst umstandslos für gut gehalten werden kann. (PL 27) Ethik soll also nicht ihrerseits Moral betreiben, sondern Übersetzungsleistungen in beide Richtungen vollbringen: von der Moral zur Gesellschaft, aber auch umgekehrt. Traditionell hat sie die Vernunft zum Zweck solcher Leistungen bemüht und diese »trotz der Vielheit der Menschen im Singular gedacht – mit der Möglichkeit zu folgern: eine Vernunft, also nur eine Philosophie, also nur eine Moral. Folgt man dieser Extravaganz, dann ist in der Tat das Problem schon gelöst. Man muß nur noch wissen: wie.« (EM 372) Die Aufgabe der Exklusion wurde dann in Gefängnissen, Irrenanstalten und Arbeitshäusern vollzogen. Luhmann schließt sich hier den bekannten Analysen Michel Foucaults an. Vernunft ist offenbar etwas, was Menschen schneidend scharf sortiert. Man kennt das aus Mozarts *Zauberflöte*: »Wen solche Lehren nicht erfreun, verdienet nicht, ein Mensch zu sein.«[76] Seine Folgerung: nicht resignieren wie Adorno und Horkheimer, nachdem sie in der *Dialektik der Aufklärung* zu ganz ähnlichen Resultaten gekommen waren, sondern versuchen, ob es nicht ohne Vernunft besser geht.

Luhmann beansprucht hier nicht, eine neue vernunftfreie Ethik entwerfen zu können. Das hat er den Philosophen und wohl auch ruhigeren Zeiten überlassen. Er hat allerdings versucht, durch Studien zur historischen Entwicklung der ethischen und moralischen Semantik einige Hinweise zu geben. Im Übergang zur neuzeitlichen Gesellschaft haben sich enorme Orientierungsbedürfnisse ergeben, ohne dass sich schon eine ihnen entsprechende Ethik herausgebildet hätte. Die traditionale Gesellschaft war durch Moral zusammengehalten worden – jetzt suchte man durch immer neue Generalisierungen eine neue einheitliche Moral zu schaffen, die den Anforderungen der Modernisierung entsprach.

»Die moralische Einheit der gesellschaftlichen Inklusion wird auf Biegen und Brechen gedehnt, und die Philosophie sieht sich zu höchster Virtuosität herausgefordert, bis man schließlich die selbsttragende Kraft der modernen Strukturen erkennen kann und zugleich einsehen kann, daß die Probleme und die Folgen dieser Gesellschaftsformation nicht mehr in moralische Kategorien eingefangen und nicht mehr in der Form der Verteilung von Achtung und Mißachtung gelöst werden können. Die ganze Hilflosigkeit der Moral zeigt sich dann in der letzten Fassung ihrer gesellschaftlichen Ambition: daß nur noch der Achtung verdient, der gegen die Gesellschaft ist.« (EM 377)

Um zusammenzuhalten, braucht die Gesellschaft nach der Ausdifferenzierung eines umfassenden Rechtssystems die Moral nicht mehr; im Gegenteil, deren Restpotenziale könnten zerstörerisch wirken. *Das Paradigma der Moral ist verlorengegangen*, und inzwischen ist »es die vielleicht vordringlichste Aufgabe der Ethik, vor Moral zu warnen« (PL 41). Eine Gesellschaft, die in Funktionssysteme aufgegliedert ist, muss auf eine moralische Integration verzichten. Wenn zum Beispiel die Unterscheidung von Regierung und Opposition im politischen System mit dem Moralcode vermengt wird, die Opposition also für strukturell schlecht oder böse erklärt wird, ist die Demokratie am Ende. (PL 24) Dasselbe gilt für das Wissenschaftssystem mit seiner Codierung wahr/unwahr, für das Bildungssystem mit seinen guten oder schlechten Zensuren, sogar für Liebesentscheidungen. Die Ausdifferenzierung der Funktionsbereiche war von intensiven Diskussionen über dieses Problem begleitet. Die Literatur über das Thema Staatsräson, über wirtschaftliches Gewinnstreben, aber auch über die Liebessemantik ist voll von Abgrenzungen gegenüber dem Moralischen.

Ein besonders interessanter Fall ist die Diskussion um das Thema der sogenannten Verantwortungsethik. Diesen Begriff hat Max Weber in seinem berühmten Münchner Vortrag über

Politik als Beruf aus dem Revolutionswinter 1918/19 in die Diskussion eingeführt.[77] Es erschien Weber anstößig, aus einer rein moralischen Gesinnung heraus zu handeln, ohne dabei die Folgen zu bedenken. Der verantwortliche Politiker muss folgenorientiert handeln. Diese Überlegung hat sich im politischen Diskurs heute weitgehend durchgesetzt und wird von der politischen Rhetorik vor allem in zwei Fällen eingesetzt: wenn es gilt, aufgebrachte und sich über irgend etwas empörende Menschen zu beschwichtigen (schon Max Weber hatte sich gegen die »sterile Aufgeregtheit« gewendet und empfohlen, »dicke Bretter zu bohren«), und wenn es erforderlich ist, moralisch, inzwischen aber auch politisch falsche Handlungen zu rechtfertigen. Dazu weiter unten mehr. Über die Folgen können wir ja immer nur mehr oder weniger einleuchtende Vermutungen anstellen. Durch ihre Einbeziehung erhöht sich die Komplexität einer Situationsbeurteilung außerordentlich. Schlimmer noch, man gerät in Paradoxien: »Wenn verwerfliches Handeln gute Folgen haben kann, wie die Ökonomen des 17. und 18. Jahrhunderts uns versichern, und wenn umgekehrt die besten Absichten in Schlimmes ausarten können, wie man in der Politik sehen kann, dann stoppt die moralische Motivation sich selber. Soll die Ethik dann zu gutem oder zu schlechtem Handeln raten?« (PL 28) Die herkömmliche Ethik hat versucht, dies streng auseinanderzuhalten. Wir kennen das Problem des Prinzen von Homburg, der durch befehlswidriges, leichtsinniges und verantwortungsloses Handeln zum Gewinn einer Schlacht beitrug. Dafür muss er nach einem alten Topos der Adelsethik (RI 170) bestraft werden. Bei Heinrich von Kleist zeigt sich, wie dieser Topos aufgelöst wird: durch Sentimentalität und das Argument, letztlich komme es allein auf das Resultat an.

Eines der interessantesten Beispiele der neueren politischen und zeitgeschichtlichen Diskussion lässt sich mit Hilfe von Luhmanns Kategorien in ein neues Licht rücken, nämlich das Verhalten demokratischer Politiker gegenüber der Tyrannis. Heute neigt man dazu, gleich von vornherein auf die Verantwortung zu setzen. Geht es dann schief, hat zum Beispiel der Opportunismus und Geschäftssinn einiger Politiker jahrelang eine Diktatur stabilisiert und zur Marginalisierung der Opposition beigetragen, rechnet man die Folgen allerdings wieder aus der Kalkulation heraus und pflegt zu sagen, dass man nach seiner damaligen Einschätzung so habe handeln müssen. Man hat etwa der DDR-Regierung einen Milliardenkredit gegeben, erkennt später, dass das falsch war, sagt aber, es sei »damals richtig« gewesen. Man hat seinerzeit verantwortungsethisch im Hinblick auf die Folgen argumentiert, es zeigt sich jedoch, »daß es darauf gar nicht ankommt und daß die Entscheidung auch dann gelten wird, wenn es zu ganz unerwarteten, die Entscheidung als falsch erweisenden Entwicklungen kommt« (RI 67). In der verantwortungsethischen Begründung steckt ganz offenbar der »Parasit der Paradoxie« (RI 67), was den Philosophen, den Logiker, den Soziologen und auch den Moralisten gleichermaßen stört, den Politiker hingegen freut, denn aus einer überzeugend dargestellten Paradoxie kann man alles folgern und jedes beliebige Handeln sowie notfalls später dessen Gegenteil rechtfertigen. Die Bürgerrechtlerin Bärbel Bohley hat zu dieser Thematik Stellung bezogen: »Verantwortungsethik gegen Gesinnungsethik nennen sie es. Dahinter versteckt sich doch nur die Meinung, daß der Zweck die Mittel heiligt.«[78] Der Fall, dass die Folgen die Gesinnungsethik bestätigen und die Verantwortungsethik widerlegen, ist übrigens nicht so ungewöhnlich, wie man, eingeschüchtert durch die volltönende Verantwortungsrhetorik, glauben könnte. Die Ungewissheit der Folgen macht nämlich Handlungssituationen überkomplex, wenn man sie jederzeit in wirklich verantwortlicher Weise mitbedenken und einkalkulieren will. Wenn man die Folgen so oder so nicht absehen kann, ist es unter Umständen einfacher, sich gleich an moralische Regeln zu halten. Luhmanns Kategorien erweisen sich gerade bei solchen Problemen als außerordentlich nützlich, weil sie jenseits der eingefahrenen Rhetorik stehen und den Blick für paradoxale Verknotungen öffnen.

Für Luhmann kam – da hatte er selbstverständlich eine ganz andere Position als Bärbel Bohley – weder eine Gesinnungs- noch eine Verantwortungsethik in Betracht (EM 443), aber auch keine andere eindeutige Lösung. Seine Überlegungen zur Ethik münden in eine eher abwägende, ambivalente Position. Die moderne Gesellschaft ist keine moralfähige Agentur. Psychisch gesehen, ist sie sogar eine »Zumutung«, der aber »nicht über Konditionierung von Achtung und Mißachtung abgeholfen werden kann« (EM 443). Um diese Probleme zu entpersonalisieren, zieht er in Erwägung, vielleicht so etwas wie Systemtherapie auf die Politik anzuwenden. Doch dazu hätte er in die Politik selbst eingreifen und sich deren Imperativen unterwerfen müssen. Luhmann gibt deshalb eine weitaus zurückhaltendere Empfehlung, nämlich einen engeren Kontakt zwischen Gesellschaftstheorie und Ethik anzustreben. Beide sollen Beobachterrollen gegenüber dem moralischen Diskurs einnehmen. Auf Versuche zur Moralbegründung soll verzichtet werden. »Statt dessen könnten Soziologie wie Ethik davon ausgehen, daß es Moral immer schon gibt in einer Gesellschaft, in der es auch die Möglichkeit gibt, dies zu beobachten.« (EM 446) Die Differenz zwischen Soziologie und Ethik bliebe dann, dass die erstere abstrakten Theorieinteressen folgt, während die Ethik die Probleme moralischer Kommunikation in einer Weise analysieren müsste, »die sich selbst dem moralischen Urteil stellt« (EM 447). Eine gewisse Skepsis auch gegenüber einer so verstandenen Ethik behielt der Soziologe Luhmann bei, denn es hätte ja sein können, dass die tatsächliche Ausdifferenzierung unserer Gesellschaft so weit fortgeschritten war, dass die eingefahrene Routine des Beobachtens, Beschreibens und Unterscheidens von Beobachtungen, Beschreibungen und Unterscheidungen (EM 447) gar keine Ethik mehr zuließ. Wenn es bei aller Skepsis überhaupt ein Theorieziel Luhmanns gab, dann wohl das, eine Art »zivilisierte Ethik« zu denken, die sich darum bemüht, »im Kontext eines Überblicks über das Gesellschaftssystem sinnvolle Anwendungsbereiche von Moral zu spezifizieren« (EM 436).

Am Schluss dieses Abschnitts soll ein Blick erlaubt sein auf einige der begrifflichen Schwierigkeiten, die sich aus Luhmanns Moraltheorie ergeben. Seine Definition von Moral als Kommunikation von Achtung und Missachtung erscheint mir nicht unproblematisch, weil sie die Form der Sanktionen, also die Äußerung von Achtungs- oder Missachtungserweisen, an die Stelle der Kriterien setzt, die doch allgemein als die Ausgangspunkte solcher Äußerungen angesehen werden. Luhmann stellt die humanistische Tradition, in der Achtung »nicht Fundament der Moral, sondern eine Ebene ihrer Artikulation« (TM 48) ist, sozusagen auf den Kopf: Bei ihm ermöglicht Achtung die Moralbildung und ist in diesem Sinne auch ihr Grund. Wie so oft bei empiristisch motivierten Theorieentscheidungen, werden die Folgen, weil sie leichter messbar sind, anstelle der Ursachen betrachtet. Es spricht jedoch immer noch sehr viel dafür, ganz traditionell Moral als den normativen Grundrahmen für das Verhalten zu den Mitmenschen, vielleicht auch zu sich selbst und neuerdings zur Natur anzusehen.[79] Achtung ist dann bei Weitem kein so zentraler Begriff wie bei Luhmann. Moral hat weniger mit Achtung als mit Beachtung von Normen zu tun. Das deckt sich mit dem meist auch in der Soziologie verwendeten Begriff, nach dem Moral das mehr oder weniger umfassende und komplexe System von Normen zur Beurteilung von individuellem und sozialem Verhalten ist, unabhängig davon, ob es auf religiösen, kulturellen oder anderswoher genommenen Werten beruht.[80] Wenn man diese beiden gängigen, einander ergänzenden Definitionen nimmt, kann man verstehen, warum Moral in allen gesellschaftlichen Bereichen zirkuliert: Sie ist ein unbestimmtes, ständig sich auflösendes und neu entstehendes Normensystem, das etwa vom politischen und vom Rechtssystem nicht strikt getrennt ist. Vielmehr durchdringen sich diese wechselseitig (Interpenetration).

Die Polarisierung Achtung/Missachtung scheint nur für unterorganisierte, verhältnismäßig unstrukturierte gesellschaftliche Bereiche geeignet zu sein, z.B. Führerschaft in traditionalen Gesellschaften. In unserer heutigen, funktional hochgradig ausdifferenzierten Gesellschaft dagegen kommt es bei der Auswahl z.B. des politischen Führungspersonals nicht mehr auf Achtung an, im Gegenteil. Ein Politiker kann sich über viele Jahre höchster Wertschätzung erfreuen, gerade weil er als prinzipienlos und als Schlitzohr gilt. Die moderne charismatische Führerschaft ist übrigens kein Gegenargument, weil sie mit Achtung im moralischen Sinne wohl nichts zu tun hat. Sie ist mehr ein Überspringen von Bereichsdifferenzierungen, und es hängt von der eigenen Theoriegestaltung ab, ob man das als Kurzschluss oder einzubauendes Unruhepotenzial deutet.

Luhmann musste aufgrund seines – auf den eher vormodernen Begriffen »Achtung« und »Missachtung« basierenden – Moralbegriffs dazu kommen, Moral ebenfalls für eher überholt zu halten. Ich neige demgegenüber zu der These, dass Luhmanns Achtungsbegriff überholt ist. Das lässt sich an einer bedeutenden Stelle der *Sozialen Systeme* vielleicht plausibel machen. Dort heißt es: »Wichtig ist, daß die Person als Ganze zur Beurteilung steht. Dies ist Voraussetzung der binären Schematisierung: daß entweder Achtung oder Mißachtung angebracht ist, aber nicht ein Mischurteil wie: sportlich locker, menschlich warm, intellektuell unter dem Strich.« (SY 319) In unserer ausdifferenzierten Welt dürften solche (bzw. etwas differenzierter und feiner formulierte) Mischurteile aber der Normalfall sein. Auch die Person ist heute »zerlegt« und kommt als Ganzes höchstens noch auf dem Theater vor.

Nach der philosophisch und soziologisch üblichen Verwendungsweise des Begriffs »Moralität« ist dieser keineswegs so überholt, und wenn man diesen Begriff mit einer funktionalistischen Sichtweise zusammenbringt, könnte man sogar zu einer ganz interessanten Moraltheorie kommen. Luhmann fragt: »Was geschieht mit den Sündern, den Mißachteten, denen, die sich eine moralische Verurteilung zuziehen?« (EM 437) Da die Moral die Inklusion, nicht die Exklusion regelt, können sie sich in der Missachtung unter Umständen auch etablieren und sich wohlfühlen. »Aber wozu dann Moral?« (EM 438) Ich schlage vor, diese Frage etwas anders zu beantworten als Luhmann.

Bei den meisten Verstößen gegen soziale Normen greift das Recht. Wenn Moral für Sanktionszwecke nicht mehr funktioniert und auch kaum noch benötigt wird, wächst ihr eine andere Funktion zu: Immer dann, wenn es in einer modernen Gesellschaft zu einer Änderung im politischen System oder im Rechtssystem kommt (Revolution, Gesellschaftsreform, Änderung der Rechtsprechung), hat sie eine begrenzte und besser auch zu begrenzende Stimme. Meiner Ansicht nach ist dies heute sogar die Hauptfunktion von Moral: allgemeine normative Unbestimmtheits- und Korrekturpotenziale zur Verfügung zu stellen für jene Themen und Bereiche, wo Rechtsnormen und politische Entscheidungen nicht ausreichen oder sich festgelaufen haben und sich aus eigener Kraft nicht korrigieren können.

Das Normenverständnis im gesellschaftlichen Alltag verändert sich oft unmerklich. Irgendwann beachtet niemand mehr den Kuppeleiparagraphen, nach dem sich Eltern oder Hoteliers noch in den Sechzigerjahren des 20. Jahrhunderts strafbar machten, wenn sie unverheiratete Paare im selben Raum schlafen ließen. Er wurde abgeschafft wegen des Wandels der öffentlichen Moral, weil es nunmehr als unmoralisch angesehen wurde, hier Einschränkungen und Nachprüfungen zuzumuten. Ein anderes Beispiel: Immer mehr Menschen finden das Rauchen gesundheitsschädlich und belästigend. Es wird sanktioniert, die Rechtsprechung und schließlich die Gesetzgebung schränken es in allen nichtprivaten Bereichen immer mehr ein.

Es handelt sich in beiden Fällen um Wandlungen des moralischen Bewusstseins, zu dem die anderen Teilsysteme wie Politik und Recht übrigens beitragen können. Es ist durchaus möglich, dass die Politik eine bestimmte Grundhaltung, z.B. einer Minderheit mit Achtung oder Verachtung zu begegnen, forcieren oder bremsen kann, wenn auch gewiss nicht diametral gegen den Willen der Bürger. Dieses Beispiel zeigt zudem, dass der Achtungsbegriff nicht in den moralischen Bereich gehört, sondern auf der Ebene affektiver Intensitäten wie auch Hass, Zorn oder Verehrung anzusiedeln ist. Die moralische Kommunikation besteht gerade darin, durch Gründe oder Scheingründe jemanden dazu anzuhalten, Achtung oder Verachtung zu empfinden und zu äußern bzw. dies besser zu unterlassen. Mitunter können Rechtsentscheidungen, beispielsweise jene gegen die Diskriminierung von Schwarzen in den USA, Wandlungen in der öffentlichen Moral mitbewirken. Jedes Teilsystem kann solche Wandlungsprozesse in Gang setzen. Es gibt kein Basissystem, kein Fundament, auf dem die Übrigen aufruhen – wie noch Marx das für die Ökonomie annahm. Moral ist von allen am wenigsten geeignet, eine Basis für irgendetwas abzugeben. Sie ist eher ein mehr oder weniger intensiv überall fluktuierendes Normierungs- und Empörungspotenzial (vgl. EM 433), das sich bevorzugt in Normierungslücken ansiedelt, diese ausfüllt und teilweise schnell überfüllt, wie man an den frühen Wohngemeinschaften studieren kann, die neue Regeln für neue Formen des Zusammenlebens zu entwickeln versuchten, aber dazu tendierten, sich durch Übermoralisierung unbewohnbar zu machen.

Luhmanns Begriff von Ethik als Reflexionstheorie der Moral dagegen entspricht dem philosophisch-akademisch Üblichen. Wenn Philosophen in der Öffentlichkeit sprechen oder wenn die Öffentlichkeit selbst spricht, ist »Ethik« allerdings meist nur ein anderes Wort für »Moral«, weil es sachlicher, wissenschaftlicher und bedeutsamer klingt, während die Moral sich bis heute durch ihr nachhaltiges Interesse an den sexuellen Intimitäten ihrer Kundschaft (derjenigen, denen die Moral verkündet wird) so sehr diskreditiert hat, dass man zumindest auf das Wort gern verzichtet. Solche teils offenen, teils subtilen semantischen Kämpfe lassen sich durch Fachdefinitionen meist wenig beeindrucken.

11. Die Gesellschaft der Gesellschaft

»Forschungsprojekt: Theorie der Gesellschaft;
Laufzeit: 30 Jahre;
Kosten: Keine.«
(GG 11)

In der Gesellschaft differenzieren sich verschiedene Funktionssysteme aus, von denen die wichtigsten die Politik, die Wirtschaft, das Recht, die Wissenschaft, die Religion und die Kunst sind. Sie alle setzen voraus, dass sich ein Gesellschaftssystem bereits konstituiert hat. Dieses beruht auf einer zentralen Operation, die Luhmann Kommunikation nennt und die durch symbolisch generalisierte Medien wie Sprache, Schrift, elektronische Medien und Moral vollzogen wird. Gesellschaft besteht aus Kommunikation. Nur durch Kommunikationsakte kommt sie zustande und setzt sich auch nur durch diese fort – das ist gemeint mit der Luhmannschen Formel von der Konstitution und Reproduktion der Gesellschaft durch Kommunikation. Würde die Kommunikation aufhören, wäre die Gesellschaft am Ende.

Andererseits ist Kommunikation aber nicht ohne Gesellschaft zu denken. Das Verhältnis von Kommunikation und Gesellschaft ist bei Luhmann zirkulär. Sie setzen sich gegenseitig voraus. Wir haben also das Modell einer Theorie vor uns, die nicht deduktiv etwas aus einem Ausgangspunkt ableitet, sondern die einen Zirkel an den Anfang setzt. Die Gesellschaft ist ein sich selbst beschreibendes System, das seine eigenen Beschreibungen enthält. Wir geraten damit »auf ein logisch intraktables Terrain« (GG 15). Vermeiden kann man das nur, wenn man die Beschreibung der Gesamtgesellschaft auszusparen bereit ist. Welche – nämlich paradoxalen – Folgen das für den Theoriestatus von Luhmanns Soziologie hat, will ich am Schluss dieses Kapitels darlegen. Vorher sollen aber die einzelnen Gedankenschritte systematisch entwickelt werden.

Um überhaupt etwas zu bezeichnen, muss man eine Differenz an den Anfang setzen: die Differenz zwischen System und Umwelt. Das gilt für jedes System. Die Gesellschaft nun ist ein besonderes System, sie ist dasjenige soziale System, das alle anderen sozialen Systeme in sich einschließt. (GG 78) In diesem Punkt schließt Luhmann sich an die aristotelisch-alteuropäische Tradition an, denn Aristoteles hatte seine *Politik* mit dem Gedanken begonnen, dass die »koinonía politiké« alle anderen in sich einschließt.[81] Das ist aber auch die einzige Übereinstimmung mit dem antiken Erfinder der Soziologie. In allen anderen Punkten geht Luhmann anders vor. Denn bei Aristoteles ist ein Problem ungelöst geblieben: wie man nämlich sinnvoll sagen kann, dass ein System alle anderen in sich einschließt, statt dass diese nebeneinanderstehen. Hier liegt eine grundlegende Paradoxie, die Luhmann durch die Unterscheidung von Ebenen aufzulösen versucht, ohne sie letztlich wirklich ausräumen zu können, denn man muss sich ständig fragen, vom welchem Blickwinkel, also von welchem System aus eigentlich verschiedene Ebenen bezeichnet werden können. Luhmann nimmt für sich deshalb lediglich die Kunst eines effektiven Paradoxiemanagements in Anspruch, nicht aber, jene auch zu lösen.[82]

Die herkömmliche soziologische Theorie bis hin zu Talcott Parsons und seinen Epigonen hatte sich als Handlungstheorie verstanden. Eine Handlungstheorie bemüht sich um individualistische Begründungen, d.h., sie versucht die Gesellschaftstheorie vom Individuum her zu konstruieren. Luhmann wählt den umgekehrten Weg. Kein Subjekt, kein Individuum, vielmehr das sich selbst beobachtende Beobachtungssystem ist der Ursprung. Damit steht am Anfang nicht ein einheitlicher Perspektivpunkt, sondern die Differenz von Beobachtendem und Beobachtetem, als deren Einheit die Operation der Beobachtung verstanden werden kann, die sich als Kommunikation vollzieht. Auch die Selbstbeobachtung des Systems ist noch eine Operation, die diese Differenz voraussetzt.

Diese Überlegung hat weitreichende Folgen, weil sie gegen bisherige Denkkonventionen verstößt, denen zufolge jede Beobachtung eine Handlung ist und dementsprechend auch ein beobachtendes Subjekt voraussetzt. Luhmann hält das für schlechte Metaphysik, die Einheit durch Reduktion auf das Essenzielle herzustellen versucht. Das Subjekt wäre das Zugrundeliegende, griechisch das »hypokeimenon«, während in Wirklichkeit nur kommunikative Operationen stattfinden und sich gegenseitig anstoßen. Diese kann man nur beschreiben. Es ist aber sinnlos, nach irgendeinem dahinterstehenden Wesen zu suchen. Das möglichst exakte Beschreiben ist der Weg der Phänomenologie, die sich an den Erscheinungen orientiert. Das traditionelle Denken sowohl in der Alltagswahrnehmung als auch in der Philosophie ist demgegenüber ontologisch ausgerichtet, beruht also auf einer naiven und systemtheoretisch leicht durchschaubaren Realitätsillusion. (GG 93) Diese Realitätsillusion bleibt ein Faktum in der realen Welt, mit dem der Sozialwissenschaftler zu rechnen hat, nicht anders als mit der Dummheit der Menschen.

Die sich selbst beobachtenden Systeme sind in sich geschlossen. Dies ist nun nicht ontologisch oder thermodynamisch gemeint, sie können durchaus Energie nach außen abgeben und auch solche aus der Außenwelt aufnehmen. Die These von der Geschlossenheit der Systeme bezieht sich allein auf die Kommunikationsprozesse, also die Unterscheidungen, die ihnen zugrunde liegen. Wir dürfen nicht vergessen: Gesellschaft ist nichts anderes als Kommunikation. Dadurch unterscheidet sie sich vom Sonnenschein oder den Gesetzen der Thermodynamik. Wie kann nun das Gesellschaftssystem seine Beziehungen zur Umwelt gestalten, wenn es keinen direkten Kontakt zu ihr unterhalten kann? Luhmann bietet hierfür im Anschluss an Humberto Maturana den schwierigen und nicht wirklich klaren Begriff der strukturellen Kopplung an.[83] Mittels struktureller Kopplung kann das geschlossene System auf die Außenwelt reagieren, ohne direkt mit ihr verbunden zu sein. Die Erscheinungen der Außenwelt werden vom System nach Maßgabe der systemeigenen Möglichkeiten beobachtet und, falls das System dafür entsprechende Kapazitäten ausgebildet hat, in seine eigenen Operationen umgesetzt.

An einem Beispiel lässt sich dies vielleicht am ehesten zeigen: Das Absterben von Bäumen wird nur dann zum Politikum, wenn es in die Sprache zunächst des Mediensystems, also in Alarm und Aufregung, und anschließend in die des politischen Systems, also in politische Organisation von Personen, die dies für eine relevante, den Organisations- und Diskussionsaufwand rechtfertigende Tatsache halten, umgesetzt wird. Dabei kann ein solches Faktum der Außenwelt durchaus zum Spielball des Machtkampfes werden, denn die Form des Problems muss sich beim Übergang in den Kommunikationsprozess notwendigerweise auf spezifische Weise ändern. Ähnlich wurde in der Geschichte der Reformation die religiöse Differenz, ob man glaubte, sich durch Handlungen und Ablasszahlungen oder ausschließlich durch seinen Glauben vor Gott rechtfertigen zu können, zu einer politischen Frage, als einige Gebietsfürsten erkannten, dass sie unter Ausnutzung dieses Streits ihre Stellung gegenüber Kaiser und Reich stärken konnten.

Strukturelle Kopplungen sind keine reinen Konstrukte, sondern setzen eine »Realitätsbasis« voraus, »die von den gekoppelten autopoietischen Systemen unabhängig ist«. »Sie setzen, anders gesagt, ein Materialitäts- (oder Energie-)Kontinuum voraus, in das die Grenzen der Systeme sich nicht einzeichnen, also vor allem eine physikalisch funktionierende Welt.« (GG 102) Es wäre aber falsch, die herkömmliche Metapher weiterzuverwenden, dass einfach Gegebenheiten aus dem Reich der realen Welt in jenes der Kommunikation übertragen würden. Für die Systemtheorie gibt es nichts außerhalb der Kommunikation (genauer: außerhalb der Kommunikation ist das System zu Ende und bekommt es mit der Umwelt zu tun), und die eben genannte Realitätsbasis ist nichts weiter als die vielleicht evolutionstheoretisch zu beschreibende Grundlage dafür, dass dies so ist. Im Grunde kann man deshalb auch auf die Annahme eines ontologischen Substrats der Welt verzichten. (GG 116) Eine Kommunikation versetzt die Luft in Schwingungen oder verbraucht Papier. (GG 130) Aber tut sie das *als* Kommunikation? Man wird Luhmanns Argumentation in diesem Punkt nicht als vollkommen konsistent ansehen können. Rechtfertigen lässt sie sich allein durch die Fokussierung auf Kommunikation und auf Systeme, wodurch traditionelle Grundfragen des Denkens aus dem Blickfeld geraten. Daneben ist die These impliziert, dass, würde man sie sehen, dies auch nur wieder in Form von Kommunikation mitgeteilt werden könnte. Der Begriff der strukturellen Kopplung ist eine jener »Unbestimmtheitsstellen« (GG 118) von Luhmanns Theorie, an denen deutlich wird, dass die operative Schließung nicht wirklich gelingt und die Ausgangsparadoxien weiterhin wirksam bleiben. Sie verhindern den Stillstand des Denkens, allerdings um den Preis philosophischer Präzision. Aber: »Für einen Soziologen liegen die Fenster in den philosophischen Auditorien zu hoch.«[84]

Das seinsorientierte und seinsgläubige Alltagsdenken mag naiv sein, bei dessen Umkehrung, der zufolge es nur Kommunikationen gibt, handelt es sich jedoch nur um die etwas raffiniertere und dem Common sense schwerer nachvollziehbare Spielart einer auf den Kopf gestellten Naivität. Letztlich gilt hier der Satz: Wer im Kern seiner eigenen Theorie den Widerspruch zulässt, kann alles behaupten. Luhmanns Rechtfertigungslehre, dass es allein auf die Plausibilität der Neubeschreibung ankomme, wirkt demgegenüber zu harmlos.

Immanuel Kants Frage nach den Bedingungen der Möglichkeit von Kognition wird von Luhmann mit der Antwort »operative Schließung des Systems« versehen. »Auch die klassische Vorstellung, Realität erweise sich am Widerstand gegen Erkenntnis oder gegen Willensimpulse, bleibt erhalten. Aber der Widerstand liegt jetzt im System selbst: im Widerstand der Operationen des Systems gegen die Operationen desselben Systems, hier also: von Kommunikationen gegen Kommunikationen.« (GG 127)

Der Begriff »Gesellschaft« ist von der klassischen Soziologie ganz selbstverständlich immer als nationalstaatlich verfasste Gesellschaft verstanden worden, ähnlich wie die Nationalökonomen immer von der »Volkswirtschaft« ihres jeweiligen Landes ausgegangen waren. Diese können aber nicht mehr als selbstständige, kommunikativ in sich geschlossene Systeme betrachtet werden. Heute gibt es für alle anschlussfähigen Kommunikationen deshalb nur noch ein einziges umfassendes Sozialsystem: die Weltgesellschaft. Luhmann hat diesen für ihn grundlegenden und für die Soziologie durchaus bahnbrechenden Begriff zuerst im Jahre 1971 (SO II, 51-71) in seine Theorie aufgenommen. Auch hier wieder ist der Weltbegriff nicht dinghaft gemeint, sondern als Horizont der Kommunikation. »Weltgesellschaft ist das Sich-ereignen von Welt in der Kommunikation.« (GG 150) Es handelt sich um eine Art Hintergrundunbestimmtheit (unmarked space). Gewiss hängt es mit der Vollentdeckung der Erde zusammen, dass dies heute so gesehen werden kann. (GG 148)

Die heutige Weltgesellschaft ist regional weiterhin stark differenziert. Für die Zukunft prognostizierte Luhmann allerdings die zunehmende Unausweichlichkeit, nunmehr ständig im Bewusstsein dieses Gesamthorizonts zu agieren: ökologisch wie wirtschaftlich, menschlich und technisch. Der jeweilige Standort wird nachrangig, weil man über den ganzen Erdball hinweg gleichzeitig an Ereignissen teilnehmen kann. Der Beobachter all dessen steckt wieder in der paradoxen Situation, dass er die Welt beobachtet, in der er sich aufhält, sich beim Beobachten jedoch nicht selbst beobachten kann. Durch diesen blinden Fleck stimmt die Annahme nicht mehr, dass die Welt für jeden Beobachter unabhängig von seinem Standpunkt gleich sein müsse. Sie kann dies nur in einem sehr generellen, unbestimmbaren Sinne sein. Sobald die beobachtete Welt bestimmbar sein soll, muss man Unterscheidungen treffen. Diese aber werden vom Beobachter gewählt und sind nicht für alle Beobachter dieselben. (GG 155) Erkenntnistheoretisch und ethisch hat dies in endlose Debatten über »Relativismus« und »Pluralismus« geführt.

Wirkliche Lösungen für diese Dauerprobleme sieht Luhmann nicht. Er schlägt allerdings mit dem radikalen Konstruktivismus vor, das Geschäft der Selbstbeobachtung auf die Ebene der Beobachtung zweiter Ordnung zu verlegen. Auch dies soll mitgemeint sein, wenn er, statt von Einzelgesellschaften zu reden, die moderne Gesellschaft als Weltgesellschaft versteht. Natürlich wird man dann auch sehen müssen, dass jede Gesellschaft ihre eigene Weltsemantik verwendet, sodass diese im Verlauf der Geschichte und im Prozess der Evolution variiert. (GG 156)

Das Modell der Weltgesellschaft steht in einem kritischen Verhältnis zur gängigen Soziologie wie auch zur Politikwissenschaft. Die Soziologen sprechen weiterhin ganz selbstverständlich von italienischer, spanischer usw. Gesellschaft. Das gilt gerade auch für Autoren wie Anthony Giddens, der dem Staat eine gesellschaftstheoretisch zentrale Rolle zuweist. Da er etwas Staatsähnliches auf der Weltebene nicht zu erkennen vermag, lehnt er es ab, das globale System überhaupt als Gesellschaft anzuerkennen.[85] Luhmann hielt das für eine Selbstblockierung des Erkenntnisvermögens. In der Tat, wenn Politikwissenschaftler gegen den Begriff »Weltgesellschaft« polemisieren, dann richten sie ihre Kritik meist gegen die Vorstellung eines zentralistischen Weltstaates, nicht jedoch gegen das, was Luhmann sich vorstellte: einen Gesamthorizont von miteinander vernetzten Kommunikationen. Das »internationale System« in der Politikwissenschaft ist immer noch hauptsächlich als Staatensystem gemeint. Als weitere Gruppe von Akteuren werden immerhin inzwischen internationale Organisationen politischer und wirtschaftlicher Art wie die UNO oder multinationale Konzerne anerkannt. Einige Politikwissenschaftler haben sogar so etwas wie eine internationale Zivilgesellschaft in den Blick bekommen. Das ist allerdings eine Variante, die Luhmann als normativ viel zu aufgeladen ansah. (PO Kap. 1)

Luhmann gibt zu, dass der Begriff der Weltgesellschaft immer noch Unklarheiten enthält, weil es an einer ausreichenden Gesellschaftstheorie fehlt. (GG 160, Anm.) Der Beleg aber, dass sie tatsächlich existiert und wirksam ist, besteht im Zusammenbruch des Sowjetimperiums. Nicht einmal der Einsatz doch beeindruckend starker politischer und organisatorischer Machtmittel hat einen regionalen Sonderraum gegen den Druck der weltgesellschaftlichen funktionalen Differenzierung aufrechterhalten können. Unter den Bedingungen des fortgesetzten Modernisierungsprozesses (Luhmann war entschlossener Modernisierungstheoretiker) können Regionalgesellschaften nicht fortbestehen. Lediglich das politische System ist regional differenzierbar und mit ihm das Rechtssystem der modernen Gesellschaft. »Alle anderen operieren unabhängig von Raumgrenzen. Gerade die Eindeutigkeit räumlicher Grenzen macht klar, daß sie weder von Wahrheiten noch von Krankheiten, weder von Bildung noch vom Fernsehen, weder vom Geld (wenn man Kreditbedarf mitberücksichtigt) noch von der Liebe respektiert werden.« (GG 166)

Die Politik hat immer noch die Möglichkeit, bestehende Unterschiede zu verstärken oder abzuschwächen. Luhmanns Systemtheorie macht aber sehr deutlich, dass der politische Horizont nicht als der Letzthorizont angesehen werden kann, auch wenn dies während der Hochphase der Nationalstaaten im 19. und 20. Jahrhundert stillschweigend unterstellt worden ist. Luhmann bereitet damit eine Theorie der Globalisierung vor, die die verschiedenen Globalisierungstendenzen in den einzelnen Funktionssystemen zu einem Gesamtbild zusammenführen könnte. Der Funktionsverlust der Politik kann systemtheoretisch auf einer ganz grundsätzlichen Ebene beschrieben werden: »Kein Funktionssystem kann in sich die Gesellschaft reflektieren, weil dies die Mitberücksichtigung der Operationsbeschränkungen aller anderen Funktionssysteme in jedem einzelnen erfordern würde.« (GG 186) Deren Stärke besteht jedoch gerade darin, nicht ständig an das Allgemeine denken zu müssen. Damit verliert die Idee einer gesellschaftlichen Gesamtrationalität ihren Ort: Sie wird »im wortgenauen Sinne eine Utopie«. »Aber das wenigstens kann man noch wissen.« (GG 186)

Nicht anders als Habermas geht Luhmann vom Zentralbegriff der Kommunikation aus. Anders als jener vermeidet er es aus dem eben genannten Grund aber, von vornherein schon Rationalitätsprätentionen in ihn einzubauen. (GG 200) Kommunikation ist eine Synthese aus drei Selektionen, nämlich von Information, Mitteilung und Verstehen. Kommunikation stellt mithin nicht die Übertragung von Informationen dar, sondern einen evolutionär sich entwickelnden Selektionsprozess, der beobachterabhängig beschrieben werden kann. Die Gesellschaft bildet damit »ein auf der Basis von Kommunikation operativ geschlossenes Sozialsystem« (GG 205). Das grundlegende Kommunikationsmedium ist die Sprache. Sie ist binär kodiert – insofern als sie für alles, was gesagt wird, die Möglichkeit der Bejahung oder der Negation zur Verfügung stellt. Im Grunde wird alles, was ist, gedoppelt. Die Gesellschaft eröffnet sich damit einen Möglichkeitsraum für die beschleunigte Evolution, oder poetisch ausgedrückt: »Die Sprachcodierung ist die Muse der Gesellschaft.« (GG 225) Bejahung und Negation sind universelle Sprachmöglichkeiten und dürfen deshalb nicht mit der Unterscheidung guter und schlechter Nachrichten verwechselt werden. »Man kann schlimme Nachrichten (›Der Wasserhahn tropft‹) sehr wohl positiv formulieren [...].« (GG 226)

Der erste Schritt zur Analyse gesellschaftlicher Kommunikationsprozesse ist die Analyse der Kommunikationsmedien. Dazu zählen Sprache, Schrift, Buchdruck, elektronische Medien. In einem gewissen Sinne gehören auch Religion und Moral als kommunikativer Kitt des sozialen Zusammenhalts dazu. Auf diesen einfachen Medien beruhen die komplexeren, symbolisch generalisierten Kommunikationsmedien: Funktion, Differenzierung, Strukturen und Selbstvalidierung. Sie sind evolutionär spätere Produkte und bilden eine Art funktionales Äquivalent zur Moral, die wegen ihrer Eigenschaft, Streit herbeiführen zu können, und ihrer dadurch bedingten Gefährlichkeit durch ein abstrakteres Modell ersetzt werden musste. Auf den ersten Blick mag es überraschen, dass Luhmann den Begriff des Mediums in dieser Weise ausdehnt. Das Verständnis wird aber leichter, wenn man sich von der herkömmlichen Begrifflichkeit der Medienforschung freimacht.

Luhmann versteht unter »Medium« einfach eine bestimmte Möglichkeit der losen Kopplung verschiedener Bereiche, die nicht in direktem körperlichem Kontakt stehen. Dann muss eben etwas zwischen sie treten, wie in der Physik Licht oder Luft, was Eigenschaften des betreffenden Objekts übermittelt. Beinahe alles kann deshalb zum Medium der Kommunikation werden. Medien sind zunächst einmal diffus und bedürfen der bestimmten Form, um einen Inhalt zu vermitteln. Die Sprache selbst spricht ja noch nicht, sondern nur ihre jeweils spezifische Formung. Deshalb können neben der Sprache ebenso Geld, Macht, Recht, Wahrheit oder Liebe und natürlich auch Moral und Religion zu Medien werden. Sie können dies werden, weil sie einen Vorrat von Elementen enthalten, die sich jeweils formen lassen. Sie sind nicht ausschließlich als Medien zu betrachten, weil sie, wie die Sprachen, das Recht oder die Religion, jeweils auch als Systeme betrachtet werden können, da sie eine innere Struktur und Bezüglichkeit aufweisen. Man muss sich bei der Auseinandersetzung mit Luhmanns Texten immer vor Augen halten, dass er keine Beschreibungen von Substanzen, von Gegenständen liefern will, sondern Perspektiven auf strukturelle Verhältnisse vorschlägt. Aus unterschiedlichen Blickwinkeln können dabei sehr verschiedene Aspekte in den Vordergrund treten.

Am Begriff der Wahrheit lässt sich diese besondere Betrachtungsweise vielleicht am besten erläutern. Dieses Medium muss im Grunde ja nur dann in Anspruch genommen werden, »wenn es darum geht, neues, unerhörtes Wissen durchzusetzen«. Dies geschieht, indem man die Selektion keinem der Beteiligten zurechnet (dann wäre sie bloße Meinung), sondern so tut, als sei dies extern entschieden worden. Unterschiedliche Meinungen sind dann nicht mehr tolerabel. (GG 339) Da es ineffizient ist, nur von Fall zu Fall mit Einzelwahrheiten zu arbeiten, werden sie systematisiert: im Bereich der Wissenschaft mit Theorien und Methoden, im Bereich der Werte durch Ideologien und Argumentation, »wobei im Gegensatz zu Theorien und Methoden die Ideologie die großen Verbrechen begeht und die Argumentation die kleinen Mogeleien« (GG 342). Dies sind dann die Programme, die in dem jeweiligen Medium ablaufen. Im Medium des Rechts z.B. vollziehen sich die Programme in Form von Gesetzen, Gerichtsentscheidungen, Verträgen etc. Das Programm im Medium der Liebe bedürfte wohl noch weiterer Forschung. Luhmann vermutet, es könne so etwas sein wie die Erinnerung an eine gemeinsame Geschichte, durch die die Möglichkeiten eingeschränkt und auf diese Weise strukturiert werden. (GG 377) Jedenfalls ermöglichen es die Programme, Variabilität zu organisieren.

Woher kommen nun die Strukturen, Medien und Funktionen? Luhmann interpretiert sie als Ergebnis von soziokultureller Evolution. Die Evolutionstheorie, wie er sie versteht, »arbeitet durchaus mit Kausalannahmen, verzichtet aber darauf, Evolution kausalgesetzlich zu erklären. Vielmehr sind Unwiederholbarkeitsannahmen eingebaut, und in diesem Sinne handelt es sich um eine Theorie des geschichtlich einmaligen Aufbaus von Systemen.« (GG 416) Es geht also in Wirklichkeit nicht um eine Theorie, vielmehr um eine Erzählung, die eine Lücke im Gesamtaufbau der Systemtheorie zu schließen hat, nämlich die Beantwortung der Frage, wie es eigentlich zu so ausdifferenzierten Systemstrukturen überhaupt gekommen ist. Exakter wäre es, von einem Schema als einem Zwischending zwischen kausal erklärender Theorie und Erzählung zu sprechen, denn »für Erzählungen fehlt dem Soziologen das Improvisationstalent« (GG 570). Die Evolutionstheorie ist ausdrücklich nicht als Theorie des Fortschritts gemeint; sie ermöglicht keine Prognosen, verzichtet, wie schon Darwin, auf Wertungen wie »höher« und »niedriger«. Sie nimmt kein Ziel der Geschichte an, sondern reagiert auf Entstehung und Verfall von Systemen »mit Gleichmut« (GG 428). Gesteuert wird sie vom Zufall. Zufall meint nicht Ursachelosigkeit. Es handelt sich mithin nicht um eine kausaltheoretische Verlegenheitskonstruktion. Systemtheoretisch ist unter Zufall vielmehr das zu verstehen, was seitens eines Systems zwar aufgenommen, von diesem aber nicht vorab konditioniert werden kann. Es kann so oder anders ausfallen. (GG 449) Immerhin verwendet Luhmann den Begriff »evolutionäre Errungenschaften« (GG 505 ff.), welche die Steigerung von Komplexität ermöglichen. Insofern hat die Evolution jedenfalls »eine Richtung im Sinne zunehmender Komplexität« (GG 508).

Die Stärke moderner symbolisch generalisierter Kommunikationsmedien zeigt sich darin, dass sie zugleich eine Steigerung der Konfliktfähigkeit und der Friedensmöglichkeiten erlauben. Das Recht dient, anders als in der klassischen Soziologie Emile Durkheims, »nicht primär einer moralischen Integration der Gesellschaft, sondern der Steigerung von Konfliktmöglichkeiten in Formen, die die sozialen Strukturen nicht gefährden« (GG 468). Die penetrante Suche nach den »eigentlichen Gründen eines Konflikts«, die angeblich hinter den vordergründigen Streitthemen stünden und die dann aufgespürt und beseitigt werden müssten, hält er für nichts als marxistisches Erbe, denn eben die Differenz von Themen und »Gründen« ermöglicht es dem System, Konflikte aushalten zu können. (GG 469)

Überholte Formen der Soziologie halten noch am gesellschaftlichen Zielbegriff der Integration fest, in dem Sinne, dass diese besser sei als Desintegration. Für Luhmann können Konflikte gerade das Resultat einer *zu starken* Integration der Teilsysteme sein. Der Versuch, Differenzen einzuplanieren statt sie aushaltbar zu gestalten, führt erst recht zu Streit. Deshalb kommt es eher auf erfolgreiche Ausdifferenzierungsprozesse an, also auf die historisch bewegliche Justierung der Teilsysteme in ihrem Verhältnis zueinander. (GG 604) Die moderne Gesellschaft ist in seiner Diagnose – ganz im Gegensatz zur Meinung der soziologischen Klassiker – »überintegriert und dadurch gefährdet« (GG 618). In der bisherigen Gesellschaftsgeschichte finden sich nur wenige Differenzierungsformen: 1. die segmentäre Differenzierung, z.B. bei nebeneinander existierenden ähnlich strukturierten Dörfern und Stämmen, 2. die Differenzierung nach Zentrum und Peripherie (Prinzip der Schwerpunktbildung), 3. die stratifikatorische Differenzierung nach dem Prinzip der Hierarchie, der rangmäßigen Ungleichheit wie in der mittelalterlichen Ständeordnung und 4. die funktionale Differenzierung, die für moderne Gesellschaften charakteristisch ist und die eine Mischung von Ungleichheit und Nebeneinander ausdifferenzierter Teilsysteme darstellt. (GG 613)

Diese verschiedenen Differenzierungsformen sind offenbar nicht logisch geschlossen, etwa in Form einer Kreuztabelle, darstellbar – sonst würde dies hier geschehen. Es gibt für sie auch keine theoretische Begründung. Man kann zudem nicht ausschließen, dass sich im weiteren Verlauf der Evolution andere Formen herausbilden werden.

Segmentäre Gesellschaften sind für ihre Mitglieder im Prinzip einfach zu verstehen: Anderswo wird es ungefähr so wie zu Hause zugehen. In hierarchisch strukturierten Gesellschaften dagegen wächst der Informationsbedarf, weil man nicht mehr so genau weiß, was im Schloss oder hinter den Klostermauern wohl passiert. Moderne Gesellschaften zeichnen sich durch die Radikalisierung von Inklusionsprogrammen aus. Sie fordern die

Herstellung von Einheitlichkeit. Alle Menschen müssen nunmehr mit Menschenrechten versehen und mit Chancen versorgt werden. (GG 626) Angelehnt an Michel Foucault und andere, beschreibt Luhmann zugleich den Zwangscharakter dieser Inklusionsstrategie, deren Kehrseite die rapide Zunahme der Strafgesetzgebung, der Zucht- und Arbeitshäuser im 18. Jahrhundert und der Todesstrafe gewesen ist.

Der Begriff der modernen Gesellschaft wird bei Luhmann also durch ihre Differenzierungsform bestimmt. Jedes Teilsystem wird unter dem Aspekt seiner Funktion für das Gesamtsystem ausdifferenziert. Es zielt jeweils auf die Inklusion aller Individuen, allerdings nur noch in Bezug auf die eigenen Operationen. Das hat weitreichende Folgen: Die Individuen kommen als Menschen nicht mehr vor, weil diese sich offensichtlich in keinem Teilsystem der Gesellschaft mehr unterbringen lassen. (GG 744, 765) Die Menschen gehören nicht in das Gesellschaftssystem, sondern vielmehr in dessen Umwelt. Die Semantik von Verständigung und Gemeinschaft versucht dem hilflos gegenzusteuern, denn es ist klar, dass »man dies nur schweren Herzens akzeptieren konnte« (GG 744). Deshalb kommt es zu Verzweiflungskonzepten wie Planung und Steuerung, Ethik der Verantwortung etc. (GG 777) Die klassische Soziologie von Durkheim bis Parsons hatte jeden weiteren Differenzierungsschritt mit der Suche nach entsprechenden neuen Integrationsmöglichkeiten begleitet. Luhmann geht einen anderen Weg und ersetzt das Schema Differenzierung/Integration durch die Unterscheidung von Autopoiesis und struktureller Kopplung.

Die sich selbst steuernden und selbst ausdifferenzierenden Systeme sind faktisch »durch strukturelle Kopplung miteinander verbunden und in der Gesellschaft gehalten« (GG 779). Wenn alte Bindungen, z.B. an Familienhaushalte, aufgelöst werden, müssen neue Formen struktureller Kopplung entstehen: Geld und Haushaltsmaschinen ersetzen Kost und Logis. Recht und Politik werden durch Verfassungen gekoppelt, Wissenschaft und Erziehung durch die Organisationsform der Universitäten. Hat man Politik und Wissenschaft früher durch die Rekrutierung von wissenschaftlich ausgebildetem Nachwuchs seitens der Parteizentralen gekoppelt, so ist heute angesichts beschleunigter Alterungsprozesse des Wissens die Expertenberatung auf den Plan getreten – mit der Nebenfolge des Ansehensverlustes dieser Experten, die wissenschaftlich um so unseriöser erscheinen, je mehr sie sich auf die Seite der Politik einlassen. (GG 785 f.)

Die Folgen dieser Differenzierungen können durchaus problematisch sein. Das Weltwirtschaftssystem scheint vor dem Problem der gerechten Verteilung des erreichten Wohlstands zu versagen. (GG 801) Die Ausdifferenzierung der Liebessemantik zur Begründung von Intimbeziehungen steigert die Erwartungen so sehr, dass Therapiebedarf und Scheidungsdruck entsteht. (GG 802) Die Einzelsysteme arbeiten ohne Zentrum und Koordination, was im Falle der Nichtzentralisierbarkeit der Zuständigkeit für Individualität als Glücksfall gelten kann, im Falle der Nichtzentralisierung ökologischer Kompetenzen aber als Problem. (GG 805) Entsprechend artikulieren sich soziale Bewegungen als Protestbewegungen. Luhmann hat sie mit Ambivalenz betrachtet: In den Zwanzigerjahren war es die Prohibitionsbewegung in den USA und Skandinavien, in den Achtzigerjahren stand die ökologische Thematik im Vordergrund. Daneben gab es aber die soziale Bewegung der Ausländerfeinde. (GG 849) Von ihren Zielen her sind diese Bewegungen kaum zu begreifen, sondern vor allem wohl von ihrer Form her, vom Protest, dem gegenüber die Programmatik sekundär sein kann. Sie brauchen ein Thema, damit ihr Protest nicht als Selbstzweck erscheint. Diese Themen sind heterogen: Umwelt, Krieg, Lage der Frauen, regionale Eigenarten, Dritte Welt, Überfremdung. (GG

857) Ihr Inhalt muss unkompliziert sein, um individuell angeeignet werden zu können. Analytische Tiefenschärfe ist nach Luhmann also ausgeschlossen.

Die Protestbewegungen wenden im Grunde nur zwei Maßstäbe an: 1. den der internen Gleichheit, sodass gesellschaftliche Ungleichheiten sichtbar werden, und 2. den des externen Gleichgewichts, was z.B. ökologische Ungleichgewichte erkennen lässt. Beide erscheinen auf den ersten Blick als vollkommen plausibel. Da aber Ungleichheit und Ungleichgewichtigkeit gerade das sind, was Systeme auszeichnet, sind in systemtheoretischer Sicht beide Maßstäbe heillos utopisch. Die Protestthemen werden damit unerschöpflich – so wie auch andere Systeme, etwa das Wissenschaftssystem, in ähnlicher Weise auf utopische Unendlichkeit gestellt sind: denn sie produzieren immer neues Nichtwissen in Form von neuen Forschungsfragen und halten sich dadurch am Leben. Durch die immer neuen Themen bildet sich so etwas wie eine Kultur des Protestierens, die auf eine Verknüpfung und Vernetzung thematisch unterschiedlicher Protestgruppen hinausläuft, übrigens unabhängig davon, ob diese erfolglos oder erfolgreich waren. Im Augenblick des Erfolgs gelangt der erfolgreiche Protest an sein Ende. Er hört dann entweder auf, oder es findet eine Formwandlung statt, mit den Optionen Etablierung unter Aufgabe des Protestmodus oder Weiterführung des Protests unter Varianz des Themas.

Die übergreifende Einheitsformel der Protestkultur ist die Symbolik des »Alternativen«. »Sie gestattet Themenwechsel unter Wahrung der Form des Protests.« (GG 861) Wurde noch in der sozialistischen Bewegung des 19. Jahrhunderts die Einheit in der Form einer zusammenhängenden Ideologie gesucht, so reicht heute die Alternativität. Die Herausbildung einer Protestkultur, d.h. die Möglichkeit des Rückgriffs auf Erfahrungswerte, ermöglicht aufseiten der Protestierenden ein immer besseres Verständnis ihres Zusammenspiels mit den Massenmedien und der Öffentlichkeit: Sie lernen, Ereignisse eigens für die Medien zu organisieren und zu inszenieren, damit diese etwas Neues zu berichten haben. Diese Form der Selbstbeobachtung moderner Gesellschaften kann also als Widerstand der Gesellschaft gegen sich selbst beschrieben werden oder, weil die Gesellschaft aus Kommunikationen besteht, von Kommunikation gegen Kommunikation. Offenbar kann die Gesellschaft damit zurechtkommen; sie funktioniert, indem sie auf diese Weise ihre Reaktionen auf die Umwelt steuert. Der Widerstand gegen sich selbst wirkt demnach als ausbalancierender Funktionsmodus und stellt immer neue vorübergehende Gleichgewichtszustände her.

Bei Luhmann bleibt dennoch eine gewisse Skepsis zurück, denn er beobachtet diese Prozesse ja nicht selbst als Protestierender, sondern als Wissenschaftler, der an der Selbstbeschreibung moderner Gesellschaften interessiert ist. Und dazu trägt der eben beschriebene Protestmechanismus nichts bei: »Nichts spricht dafür, daß die Protestbewegungen die Umwelt, seien es die Individuen, seien es die ökologischen Bedingungen, besser kennen oder richtiger beurteilen als andere Systeme der Gesellschaft. Genau diese Illusion dient jedoch den Protestbewegungen als der blinde Fleck, der es ihnen ermöglicht, Widerstand von Kommunikation gegen Kommunikation zu inszenieren und damit die Gesellschaft mit Realität zu versorgen, die sie anders nicht konstruieren können. Es kommt nicht darauf an, wer recht hat [...].« (GG 865) Der Protest ist ein Funktionsmodus der Gesellschaft, mit ihrem Unwissen in Bezug auf die Umwelt umzugehen. Die durch die Proteste ausgelösten Irritationen modifizieren die Feineinstellung der Gesellschaft. Sie kann damit weiterexistieren, bekommt allerdings Schwierigkeiten, ein Gesamtbild von sich zu erzeugen. Es fehlt an Texten, die eine angemessene Selbstbeschreibung bieten. Diese nun herzustellen ist Luhmanns Ziel.

Die Gesellschaft besteht aus vielfältigen Teilsystemen, die alle ihre eigene Form der Realitätskonstruktion durch Reduktion von Komplexität vornehmen: die Wirtschaft auf Geldfragen, die Wissenschaft auf Forschungsfragen. Wird etwas anderes an sie herangetragen, entsteht keine Resonanz. Der Entstehungsgrund der Protestbewegungen neueren Stils kann durchaus in der Unzufriedenheit mit dieser Resonanzlosigkeit gesehen werden. (GG 856) Traditionelle Protestbewegungen wie die aufständischen Bauern des 16. Jahrhunderts oder die Arbeiterbewegung reagierten auf hierarchisch bedingte, vertikale Resonanzlosigkeit. Heutige Protestbewegungen dagegen versuchen die immer weiter sich vertiefenden horizontalen Trennungslinien innerhalb der Gesellschaft zu überspringen und entwickeln in diesem Sinne durchaus gesellschaftliche Integrationstendenzen.

Integration könnte verstanden werden als mehr oder weniger gelungene Selbstbeschreibung des Gesamtsystems, was nur eine andere Ausdrucksform für die imaginäre Konstruktion der Einheit des Systems ist. Wie funktioniert nun diese Selbstbeschreibung? Wie kann das System seine imaginäre Einheit herstellen? Vielleicht ja ganz einfach: Am simpelsten wäre es, von »kriterienloser Selbstidentifizierung des selbstreferentiellen Operierens« (GG 869) zu sprechen. Aber was könnte das heißen? Das Problem liegt darin, dass die gesellschaftliche Selbstbeobachtung und Selbstbeschreibung überhaupt nur als Kommunikation vorkommen kann. Anders als bei Habermas gibt es aber bei Luhmann kein Kriterium dafür, ob diese Beschreibungen nun zutreffend, d.h. »authentisch« oder konsensfähig sind oder nicht. Derartige Vorstellungen muss man schlicht aufgeben. Es kommt zu nichts anderem als zur permanenten Erzeugung inkongruenter Perspektiven, also zur ständigen Varianz von Beschreibungsformen, von denen keine »richtig« oder »falsch« ist. Obwohl es eigentlich um eine klar definierte Aufgabe, die Selbstbeschreibung, geht, erzeugt die Gesellschaft eine hyperkomplexe Lösungsvielfalt. Nur eine Gesellschaft, die versucht, bei ihrer Selbstbeschreibung auf Kommunikation mit ihren vielfältigen Anschlussmöglichkeiten zu verzichten, könnte mit sich kongruent sein. Da wir aber gesehen haben, dass Gesellschaft aus Kommunikation besteht, wäre dies eine Paradoxie.

Luhmann hat dieses Problem nicht lösen oder, in seinen Worten, diese Fragen des abstrakten Theoriedesigns »im Moment zwar nicht befriedigend beantworten« (GG 879) können – doch er hat eine Erfolg versprechende Umgehungsstrategie vorgeschlagen, die darin besteht, einfach am Fall des Gesellschaftssystems zu klären, wie dessen Selbstbeschreibungen in der Praxis funktionieren. Denn es gibt sie ja. Sie kommen vor, auch wenn nicht so recht klar ist, wie es eigentlich um die Bedingungen ihrer Möglichkeit steht.

Selbstbeobachtung und Selbstbeschreibung gibt es jedoch immer nur im Nachhinein. Sie müssen davon ausgehen, dass das System als solches schon vorhanden ist. Da »Gesellschaft« der Totalbegriff ist, existiert keine Außenperspektive, von der aus diese Beschreibungen gedacht werden können. Sie sind Bestandteile der Gesellschaft selbst, Teile dessen, was sie beschreiben. Sie können deshalb auch nicht nachträglich mit ihrem Gegenstand verglichen werden, um Übereinstimmung oder Abweichung festzustellen. Die klassische Erkenntnistheorie der »adaequatio rei et intellectus«, der Übereinstimmung von Erkenntnis und Gegenstand, ist hier außer Kraft.

Dennoch gibt es permanente Bemühungen, einen »richtigen« Text, einen verbindlichen Text herzustellen. Am häufigsten wird hierzu der normative Weg verwendet: Dann kann der Richtigkeitsanspruch nämlich auch kontrafaktisch aufrechterhalten werden. Der Trend zu normativen Fixierungen wurde alteuropäisch an Gott oder die Natur gebunden. Ideologien sind modernisierte, aber vergleichbare Bindungsformen. Luhmanns Ziel ist demgegenüber die Dekonstruktion. Er fühlt sich hier durchaus als Weggefährte Jacques Derridas, auch wenn dieser wegen der unterschiedlichen Ausgangskulturen die Avancen Luhmanns ihm gegenüber eher mit einer gewissen Ratlosigkeit aufgenommen hat. (GG 873) Beiden gemeinsam ist, dass sie die Vorstellung der Erkenntnis einer unabhängig vom Subjekt bestehenden Welt infrage stellen. Die Realitätsgarantie kann allenfalls noch darin bestehen, eine Art Gleichartigkeit der Erkenntnisverfahren mit der Gegenstandswelt anzunehmen und dies in verschiedenen empirischen Systemen mit der Fähigkeit zur Selbstreflexion in seinem Funktionieren zu beobachten. Luhmann deutet an, dass man an diesem Punkt eventuell mit der Radikalisierung einiger Überlegungen aus dem Kapitel »Von dem Schematismus der reinen Verstandesbegriffe« in Kants *Kritik der reinen Vernunft* weiterkommen könnte. Diesem Text ist auch der eben verwendete Begriff der Gleichartigkeit entnommen. Aber nicht dieser Pfad der Erkenntnistheorie wird weiterverfolgt, sondern gut soziologisch ein Weg der Beschreibung historisch vorkommender unterschiedlicher Formen von Selbstreferenz.

Luhmanns Wissenssoziologie der sozialen Selbstbeschreibung erkennt in der antiken Ontologie die konkurrenzfreie Position einer adlig-städtischen Gesellschaftsspitze. Dieses Modell war einfach und plausibel. Die damit verbundene Ethik verstand das Handeln als Streben nach einem erkennbaren Guten – ungute Ziele und absichtlich Schlechtes konnte es nicht geben. »Auch hier muß man also Autorität voraussetzen, als eine Instanz, die – ohne dadurch Freiheit einzuschränken! – den Handelnden über seine Ziele aufklärt und ihn gegebenenfalls korrigiert.« (GG 929) Zur Repräsentation der Gesellschaft in der Gesellschaft gibt es immer die Spitze der Hierarchie, von der aus die Welt zu sehen ist, oder die Fachkompetenz der Schreiber, Philosophen und Kleriker. Bis heute ist diese alteuropäische Semantik faszinierend. Sie kann schon deshalb nicht absterben, weil sie zum Zweck der Selbstverständigung der Moderne permanent negiert wird und dazu in irgendeiner Form am Leben erhalten werden muss – auch wenn bis heute einige Philosophen noch nichts davon mitbekommen haben, dass durch die Veränderung der Sozialstruktur in Richtung auf funktionale Differenzierung Risse auftraten, die den vollständigen Zusammenbruch verursachten. Wir haben es also nur noch mit einer alteuropäischen Ruinensemantik zu tun.

Die Moderne dagegen »muß ohne Repräsentation der Gesellschaft in der Gesellschaft zurechtkommen, und sie hat dafür noch keine semantischen Formen gefunden, die der eigentümlichen Geschlossenheit und Überzeugungskraft der alteuropäischen Semantik die Waage halten können« (GG 963). Auch darin liegt ein Grund für die fortdauernde Aktualität der antiken Philosophie, denn sie gibt einen Maßstab der Geschlossenheit für die Weltsicht vor. Die soziale Zuordnung der Selbstdeutung wird allerdings fragwürdig. Oft bleibt es heute, anders als bei den Leitungshierarchien traditionaler Gesellschaften, bei der »Selbstsinngebung von Reflexionseliten, die mit den Grundoperationen des Systems nicht mehr befaßt sind – von Pädagogen, die nicht unterrichten, von Juristen, die für Lehre freigestellt sind, von Theologen, die nicht predigen, nicht fasten, nicht (oder allenfalls noch ›privat‹) beten« (GG 965). Die Semantik wird von der Interpretation der Natur auf Zeichentheorie umgestellt, von der Anthropologie auf Semiotik, doch die Sprache »spielt nur mit sich selbst. Ihre reine Form ist das Schwatzen.« (GG 995) Luhmanns Spott über die sprachphilosophische Wende zeigt, dass er hier jedenfalls keinen festen vorgegebenen Sinn mehr zu lokalisieren vermag.

An die Stelle der Integration durch Hierarchie tritt die kontrafaktische Integration durch Normativität. Die Moral der Gesellschaft wird ins Spiel gebracht, zunächst noch in der Form der Moralistik Montaignes, Shaftesburys und anderer. Diese Moral ist die der Salons, und der Test für sie besteht in Shaftesburys berühmtem »test by ridicule«, dem Probierstein der Lächerlichkeit. Die Begründungsaufgabe geht Ende des 18. Jahrhunderts von der guten Gesellschaft auf die philosophischen Fakultäten über. »Damit entfällt auch das Lernen des Sinns für Mehrdeutigkeiten, für Ironie, für Lächerlichkeit im geselligen Verhalten und jener Schliff im Verbalverhalten, der es ermöglichte, die Untiefen der Moral zu vermeiden.« Nun müssen »Examina der Moral« bestanden werden. (GG 1039) Dieser Evolutionsprozess geht bis zu den extravagantesten Selbstbegründungsversuchen einer akademisch beaufsichtigten Moral. (GG 1041) Aus den einzelnen Funktionssystemen muss sie sich jedoch immer weiter zurückziehen. »Warum sollten Liebende allem voran die Tugend des Partners lieben und für seine moralischen Entgleisungen kein Verständnis aufbringen?« (GG 1042) Auch und gerade gute Menschen gehen in der Wirtschaft bankrott und scheitern in der Politik.

Die höhere Amoralität der Funktionscodes wird jetzt moralisch akzeptiert. Moral hat allenfalls noch auf Codesabotierungen zu achten und die öffentliche Meinung gegen Doping im Sport, Korruption in der Politik oder die Mogelei mit den Daten der empirischen Forschung in Stellung zu bringen, ansonsten jedoch von allzu aufdringlicher Belästigung der Öffentlichkeit Abstand zu nehmen. (GG 1043) Wenigstens das System der Ethik, also der begründenden akademischen Moralreflexion, hat sich längst auch als eigenständiges Funktionssystem ausdifferenziert. Diese Gesamtbeobachtungsform der Gesellschaft in der Gesellschaft ist so ein Sondersystem geworden.

Eine operative Schließung kann von hier aus somit auch nicht gelingen.

Andere Modelle der Gesamtbeschreibung waren die Semantik der Nation und die der Klassengesellschaft. Moderne Wanderungsbewegungen machen die Vorstellung nationaler Identifizierung Einzelner unplausibel. Die Wehrpflicht, ein wesentliches Moment von Nationalstaatlichkeit, ist heute in den meisten westlichen Ländern überholt, weil nationale Selbstbehauptungskriege hier unwahrscheinlich und technisch wie ökologisch unverträglich geworden sind. Die Klassensemantik stellte ein interessantes Übergangsschema dar, weil sie die Umstellung von Familien und Stämmen auf Individuen ermöglichte, denn sie wurde frei von der traditionalen Vorbestimmung durch Geburt gedacht. Die Einheit der Gesellschaft lag im Unterschied der Klassen – mit dem utopischen Moment von deren potenzieller Überwindung. Heute ist diese Semantik in sich zusammengebrochen, weil die individualisierte Vielfalt und die Wirksamkeit sektoraler Momente wie Geschlecht und Alter sich stärker auswirken als man früher dachte, und weil man an die solidarische Gesamtlösung nicht mehr recht glauben kann.

Die funktionale Differenzierung desintegriert immer weiter. Auch das Individuum – immerhin noch die Letztgröße z.B. der Menschenrechte – kann nun nicht mehr als Integrationspunkt wirken, weil es an allen Funktionssystemen teilnehmen können muss (GG 1066) und dabei – wie die soziologische Diskussion um die neue Unterscheidung von Individuum und Gesellschaft zeigt – häufig durchaus unglückliches Bewusstsein entwickelt. Es kann sich nicht mehr als festen und letzten Punkt empfinden und bedarf, um überhaupt es selbst sein zu können, ständig noch einer zusätzlichen Anstrengung der Selbstverwirklichung. Weitere Beschreibungsformeln der Gesellschaft sind Information, Risiko, Moderne und Postmoderne. Luhmann hat den Begriff der

»Postmoderne«mit einer gewissen Distanz betrachtet, sich aber der Sache nach dessen Erfinder Lyotard angeschlossen: Zu verstehen ist darunter die Rede vom Ende der großen Erzählungen. Da auch dies wiederum eine Erzählung ist, handelt es sich um die Fundierung auf einem Paradox und damit um eine typische Selbstbeschreibungsformel der heutigen Welt. (GG 1144) Das postmoderne Projekt ist genau das, was Luhmann auch anstrebt: eine Neubeschreibung der modernen Gesellschaft aufgrund gegenwärtiger Erfahrungen. Den Theoretikern der Postmoderne allerdings wirft er vor, die Vorarbeiten weggelassen zu haben und damit über keine Theorie der modernen Gesellschaft zu verfügen – ganz anders als Luhmann selbst. Deshalb kann er den Kritikern seiner Systemtheorie nur die Empfehlung geben: »Macht es anders, [...] aber mindestens ebenso gut.« (GG 1095)

12. Die Frankfurt-Bielefeld-Differenz: Habermas contra Luhmann

»Ich gewinne, was man bei einer guten Kontroverse müßte, eigentlich nicht viel bei der Lektüre von Habermas.«[86]

Die Kontroverse zwischen Habermas und Luhmann, die 1971 in einem Sammelband mit dem programmatischen Titel *Theorie der Gesellschaft oder Sozialtechnologie*[87] veröffentlicht wurde, ist in den Siebzigerjahren neben dem Positivismusstreit[88] in beinahe allen sozialwissenschaftlichen Universitätsseminaren zum bevorzugten Gegenstand geworden. Für Didaktiker waren diese Theoriediskussionen geradezu ideal[89], erlaubten sie doch die Vermittlung des dreifachen Lehrstoffs (Position, Gegenposition und deren Konstellation) in handlicher, argumentativ aufeinander bezogener Form. Und wenn man Glück hatte, konnte man die Debatte gar als Rollenspiel nachstellen. Die Kontroversen wurden als Methodendebatte ausgetragen, weil das innerhalb des Wissenschaftssystems die grundsätzlichste unter den möglichen Differenzformen war. Es ging nicht um die Infragestellung von Einzelergebnissen oder von einzelnen Hypothesen, sondern des gegnerischen Ansatzes insgesamt. In beiden Fällen wurde der Streit aus Frankfurt eröffnet, einmal von Adorno, einmal von Habermas, und in beiden Fällen stand die Adresse »Frankfurt« ihrem eigenen Anspruch nach für die Emanzipation und gegen die Technokratie. So subtil die Argumente im Einzelnen vorgetragen wurden und so wenig diese Frankfurter Inszenierung der Frankfurt-Bielefeld-Differenz als Kampf zwischen Fortschritt und Reaktion dem Selbstverständnis der Gegenseite entsprach, so sehr hat diese klare Frontdefinition zur Wirksamkeit und Einprägsamkeit der Debatte beigetragen. Selbstverständlich ist es Aufgabe einer Einführung, die vereinfachende Erinnerung an jene Debatte mit einigen Fragezeichen zu versehen. Dass die Texte von damals nicht mehr dem späteren Stand des Denkens von Habermas und Luhmann entsprechen, wird an einigen Stellen deutlich werden, muss aber ansonsten als selbstverständlich vorausgesetzt werden.

Was waren die Streitpunkte? Habermas' Vorwürfe gegen Luhmann lauteten: »uneingestandene Verpflichtung der Theorie auf herrschaftskonforme Fragestellungen«, »die Apologie des Bestehenden um seiner Bestandserhaltung willen« und »kritiklose Beugung der Gesellschaftstheorie unter die Zwänge der Reproduktion der Gesellschaft«, die »bereits im methodologischen Selbstverständnis der Theorie verankert« sei (HL 170). Die Systemtheorie sei eine neue Form der Ideologie (HL 239) und die »Hochform eines technokratischen Bewußtseins« (HL 145), geeignet, »in einem auf Entpolitisierung einer mobilisierten Bevölkerung angewiesenen politischen System die herrschaftslegitimierenden Funktionen zu übernehmen, die bisher von einem positivistischen Gemeinbewußtsein erfüllt worden sind« (HL 144). Das waren massive Salven einer Ideologiekritik, wie sie zu jener Zeit alle Diskussionen beherrschte. In den damaligen Diskussionen der Studentenbewegung galt ein Gedanke als widerlegt, gegen den man solche Formulierungen vorbringen konnte; und es war in erster Linie der polemischen Verve solcher Sätze geschuldet, dass man unter den Studenten und im fortschrittszugewandten akademischen Mittelbau eher Habermas als Luhmann folgte.

Habermas selbst, der ja in erster Linie Philosoph und erst in zweiter Linie Sozialwissenschaftler ist, hat schon damals ausdrücklich auf die Schwächen und die Unzulänglichkeit der Ideologiekritik hingewiesen und angemerkt, »daß mein Interesse an Luhmanns Theorie keineswegs in erster Linie ideologiekritisch ist«, denn »meine Kritik gilt der Sache und nicht einer Funktion hinter ihrem Rücken« (HL 145). Ideologiekritik gehört zu den Rohformen funktionalistischen Denkens. Selbst funktionalistisch betrachtet, hat sie den ungeheuren Vorteil, denjenigen, der sie ausübt, in die überlegene Position zu bringen, weil er den anderen und dessen uneingestandene Absichten durchschaut, ohne sich unbedingt mit dessen Argumenten auseinandersetzen zu müssen. In philosophischen Diskussionen übersteht Ideologiekritik nicht einmal die simpelste Selbstanwendung. Sie kann allenfalls erklären, *warum* sich jemand beharrlich irrt. Sie kann aber nicht zeigen, *dass* es sich um einen Irrtum handelt.

Aus diesem Grund hat Habermas eine Reihe von inhaltlichen Kritikpunkten an Luhmanns Systemtheorie erarbeitet. Diese will ich besonders in den Teilen behandeln, die Luhmann zu Präzisierungen und Klärungen seiner Position genötigt haben. Die Umbauten, die Habermas im Anschluss an die Debatte an seiner Theorie vorgenommen hat, gehören nur als kurze Erwähnung hierher, auch wenn sie eher noch grundlegender waren als die Veränderungen bei seinem Diskussionspartner. Weiter unten werde ich darstellen, wie Luhmann auf die Ideologiekritik antwortete.

Habermas sieht einen Widerspruch darin, dass Systeme zur Reduktion der unermesslichen Weltkomplexität dienen sollen, also eine Art Entlastungsfunktion haben, während gleichzeitig die Umwelt sozialer Systeme eher eine sprachlich interpretierte und geöffnete, also eher komplexere Welt ist. (HL 158 f.) Luhmann hat gegenüber dieser Kritik festgehalten: »Sinnsysteme können Selektionen so vollziehen, daß Komplexität für sie erhalten bleibt, ja gesteigert wird und als Horizont anschließender Selektionen [...] Welt präsentiert.« (HL 308) Steigerung von Komplexität durch Reduktion ist für Luhmann kein Widerspruch, der zur Aufgabe nötigt, sondern eine paradox erscheinende, aber eben faktisch vorhandene soziale Tatsache, für die es Erklärungen zu finden gilt. Eine wirkliche Erklärung kann er allerdings erst zehn Jahre später, auf der Grundlage der Theorie autopoietischer Systeme, liefern. Die Ersetzung multifunktionaler Einrichtungen wie Moral durch binär codierte Systeme wie das Rechtssystem ist ja eine Vereinfachung und Erhöhung der Bearbeitungskompetenz, der Komplexität zugleich. Habermas hatte hinter der »Reduktion von Komplexität« Arnold Gehlens Begriff der »Entlastung« erkannt, und noch heute rückt man Luhmann gelegentlich in die Nähe von Arnold Gehlen. Luhmann selbst legt Wert auf größeren Abstand, weil Gehlen noch in alteuropäischer Manier versucht, »den Menschen aus seinem Unterschied zum Tier zu bestimmen«, während Luhmann kühl Sinnsysteme und organische Systeme, eventuell noch physische Systeme und Maschinensysteme, vergleicht. (HL 308)

Habermas betont einen wichtigen Unterschied zwischen organischen und sozialen Systemen: Bei organischen Systemen kann man, wie Biologen es tun, eine Tendenz zur Bestandserhaltung voraussetzen. Bei Gesellschaften jedoch wird das zum Problem: »Wer entscheidet aber, wann sich in der Objektivität des alltäglichen Problembewußtseins das Interesse einer herrschenden Klasse, und wann sich darin die Bestandserhaltungsinteressen der Gesellschaft insgesamt durchsetzen?« (HL 167) In der systemtheoretischen Voraussetzung der Bestandserhaltung steckt also das Herrschaftsinteresse. Auch dies gehört zu den Punkten, die Luhmann überzeugend erst nach seiner autopoietischen Wende gelöst hat: »Es geht nicht mehr um eine Einheit mit bestimmten Eigenschaften, über deren Bestand oder Nichtbestand eine Gesamtentscheidung fällt; sondern es geht um Fortsetzung oder Abbrechen der Reproduktion von Elementen durch ein relationales Arrangieren eben dieser Elemente. Erhaltung ist hier Erhaltung der Geschlossenheit und der Unaufhörlichkeit der Reproduktion von Elementen, die im Entstehen schon wieder verschwinden.« (SY 86) Gerade in der Antwort auf die Kritik, eine Bestandserhaltung der Systeme sei gleichzusetzen mit einer Unterstützung der Herrschenden, zeigen sich die Abstraktionsgewinne von Luhmanns jüngerer Theorieentwicklung. Erhalten werden nun nicht mehr starre Systeme, sondern Reproduktionsprozesse. Nicht die Substanz muss erhalten werden, sondern allein noch die Funktion. An Punkten wie diesem kann man erkennen, dass die Weiterentwicklung von Luhmanns Theorie nicht nur auf äußere Anregungen seitens der modernen Kognitionsbiologie zurückzuführen ist, dass sie vielmehr auch erforderlich war, um einige innere Schwächen zu beheben, die Habermas natürlich sofort erkannt hatte.

Eine wichtige Differenz zwischen Habermas und Luhmann ist ihre unterschiedliche Einschätzung von Sprache. Für Luhmann ist Sinn eine Sprache fundierende, noch vorsprachliche Kategorie. Bei Habermas ist Sinn prinzipiell immer sprachlich und deshalb ohne intersubjektive Geltung und ohne umgangssprachliche Kommunikation überhaupt nicht denkbar. (HL 195) Auf den mit umgangssprachlichen Mitteln zu führenden herrschaftsfreien Diskurs setzt Habermas bekanntlich alle Emanzipationshoffnungen. Luhmann hat da Bedenken und thematisiert ein Phänomen, »das in empirischen Studien über Ehekonflikte aufgedeckt worden ist: daß mit Mitteln der Umgangssprache gerade Konflikte, die auf der Ebene des Erwartens von Erwartungen liegen, also tief gehen, nicht zu lösen sind, weil die Umgangssprache für diese Konflikte jeweils positive und negative Ausdrücke bereithält und zugleich eine adäquate diskursive Rekonstruktion der reflexiven oder gar doppelreflexiven Erwartungsstrukturen an der Komplexität der auszudrückenden Sachverhalte scheitern läßt« (HL 320). Dieser Gegenzug trägt unverkennbar empiristische Züge, wird aber durch einen neutralisierten Kommunikationsbegriff auch auf theoretischer Ebene untermauert. Da Sprache ja gerade die Negation legitimiert, ermöglicht sie ein Konvergieren und Divergieren von Meinungen. Es gibt keine Gesetzmäßigkeit, dass Kommunikation zum Konsens führt. Luhmann macht deshalb Habermas das Angebot, Diskussionen selbst als Systeme zu begreifen und zu analysieren. Wenn ihr Ziel ist, über ein Thema Konsens zu bilden, dann ist »ein Mindestmaß an Normierung und Sanktionierung des Beim-Thema-Bleibens erforderlich«. Persönliche Bezüge müssen dagegen ausgeschaltet werden. »Gerade Diskussionen geben im Maße ihrer funktionalen Spezifikation kaum Chancen, die eigene Subjektivität anzubringen oder die des anderen zu entschlüsseln: Was er zu begründen sucht, ist er schon nicht mehr selbst.« (HL 330) Außerdem setzen sie eine hohe Umstellungs- und Anpassungsbereitschaft in der Gesellschaft voraus: »[...] die Frau mag entsetzt sein, wenn ihr Mann aus der Diskussion mit einer neuen Religion oder mit neuen Grundsätzen über antiautoritäre Erziehung der Kinder zurückkommt.« (HL 331) Weiterhin bilden sich neue Rangdifferenzen. »Es dominieren dann diejenigen, die ihre Beiträge schnell und gewandt an das Thema bzw. an den vorangehenden Beitrag anknüpfen und dabei anderen zuvorkommen können.« (HL 332) Ein besonderes Problem liegt schließlich in der Sprache selbst. Wenn zum Beispiel Sprachsymbole wie Gott, Reform, Gerechtigkeit, Liebe, Wahrheit, Demokratie, Freiheit usw. in einem Sinne verwendet werden, »der Vollkommenheit und Maßgeblichkeit impliziert« (HL 335), dann werden Themen moralisiert, die Anknüpfbarkeit der Beiträge »limitiert und unter die Bedingung wechselseitiger Achtung gestellt« (HL 335). Das heißt, wer Gegenargumente verwendet, muss sich selbst verteidigen. »Das kann, wie tägliche Erfahrung in Universitäten lehrt, zur Annahme hochgradig unrealistischer, intern aber moralisierter Umweltansichten führen.« (HL 335) Luhmann legt deshalb eine außerordentlich kritische Distanz zu den Möglichkeiten und Verführungen von Sprache nahe.

Eine wohl absolute Schranke jedes Diskussionssystems ist der außerordentlich hohe Zeitbedarf mündlicher Kommunikation. Konsens kann im übrigen »nur in sehr begrenztem Umfange die Form begründeter Annahme oder Ablehnung von Argumenten haben [...], jeder ist vielmehr laufend genötigt, Aspekte mitanzunehmen oder mitabzulehnen, die er nicht begründet hat, vielleicht nicht begründen kann. Es gibt keine logische Hierarchie von Gründen. Es besteht demnach auch keine Hoffnung auf ein Ende der Diskussion; sie hört irgendwann nur auf. Für ihre Beendigung muß es soziale, nicht logische oder semantische Regeln geben.« (HL 337) Luhmann wendet sich mit diesen Überlegungen gegen eine Überfrachtung der Sprachtheorie, die sich zu viel vornimmt, »wenn sie vom Phonetischen bis zum Phronetischen auszugreifen sucht« (HL 337). Phronesis ist die praktische Klugheit der altgriechischen Philosophie.

Diskussionen brauchen, statt ihre Hoffnung auf die Leistungsfähigkeit der Alltagssprache zu setzen, möglicherweise ein eher unnatürliches Verhältnis zur Sprache, »nämlich Abzweigung eines hohen Maßes an Aufmerksamkeit für das Zeichensystem selbst« (HL 341), um so die Fallen, die schon die Sprachstruktur bereithält, rechtzeitig zu erkennen.

Ein weiterer Vorwurf gegen Luhmann richtet sich gegen dessen Funktionalisierung des Wahrheitsbegriffs. Auch die Systemtheorie selbst kann dann nicht mehr einen besonderen Geltungsanspruch für ihre Aussagen erheben, sie ist nur eine Art des Handelns unter anderen. Es handelt sich also um eine praktizistische Deutung ihres eigenen Status: Die Systemtheorie muss sich selbst als einen Teil des Weltprozesses auffassen.[90] Theorie ist Handeln. Habermas meint, dass man dies aber wiederum nur sagen kann, wenn man letztlich doch einen theoretischen Standpunkt außerhalb der Praxis annimmt. Dieses Problem sollte später der logisch nicht ganz saubere »re-entry« lösen, wenn man denn einen solchen Weg als Lösung gelten lassen will. 1971 konnte Luhmann nur darauf verweisen, dass er jedenfalls nicht wie Nietzsche Wahrheit und Macht vermische, sondern in seiner auf Differenzierung der Kommunikationsmedien (Geld, Liebe, Wahrheit, Macht) angelegten Theorie dagegen einigermaßen gesichert sei. Schon damals jedoch deutete er Systembildung als evolutionären Prozess.

Die ideologiekritischen Anmerkungen in Habermas' Kritikpapier, das ganz im Stile von Seminararbeiten aus den frühen Siebzigerjahren mit einem »Exkurs über Grundannahmen des Historischen Materialismus« endet, forderten Luhmann zu einigen politischen Überlegungen heraus. Für ihn haben sich die »Orientierungsmarken rechts bzw. links, konservativ bzw. sozialrevolutionär und Apologie bzw. Kritik« verschoben. »Die Gesellschaft verändert sich so schnell, daß konservative Kräfte sich nur noch als Opportunisten halten können, während die Linke in der Bewahrung ihrer immer noch nicht erfüllten Ideale konservativ wird.« (HL 398f.) Später sollte er auch vom »Emanzipationskonservatismus« sprechen. Das mag zunächst wie eine einfache Retourkutsche klingen, zumal man auf der Linken jemanden, der den Unterschied zwischen der Linken und der Rechten infrage zu stellen versucht, automatisch auf der Rechten verortet. Luhmann konnte jedoch auf einige damals wirkungsvolle Autoren hinweisen, z.B. auf Johannes Agnoli, dessen Parlamentarismuskritik für die 68er Linke prägend war. Agnoli hatte gegen den heutigen Parlamentarismus dessen idealisiertes Bild aus dem 19. Jahrhundert gehalten und befunden, damit habe er nun nichts mehr zu tun. Der konservative Carl Schmitt dagegen, aus dessen Buch über die geistesgeschichtliche Lage des heutigen Parlamentarismus Agnoli alle wesentlichen Beobachtungen übernommen hat, hatte das alte Bild des Parlamentarismus nur noch für eine romantische Reminiszenz gehalten.[91] Ähnlich bizarr findet Luhmann, dass die Linke den Begriff »Technologie«, einen Topos konservativer Kulturkritik, aufnimmt, aber nun unterstellt, Technologie sei konservativ. »Ob all dies nun Gedankenlosigkeit ist oder Dialektik oder Ergebnis von Teamarbeit, es lehrt auf alle Fälle, daß solche Alternativen als Bezugspunkt der wechselseitigen Orientierung und Standortzuweisung nicht mehr ausreichen.« (HL 399) Auch Habermas' Vorwurf, Luhmann leugne die Differenz von Praxis und Technik und setze allein auf Technik, womit Habermas ja den Titelvorwurf der »Sozialtechnologie« begründet, ist eine linke Anknüpfung an den anspruchsvollen alteuropäischen Praxisbegriff. Rückblickend stellt Luhmann fest: »Ich [...] habe den Eindruck, daß in der Frankfurter Schule ein Moralkonservativismus oder eine alteuropäische Konfiguration noch eine Rolle spielt.« (AW 152)

Das allerdings war nicht Luhmanns letztes Wort in dieser Diskussion. Der Ton wurde vielmehr unfreundlicher, die Höflichkeit und Verbindlichkeit ließen nach. 1984 lästerte Luhmann: »So wuchert in den ganz neu errichteten Tempeln der Emanzipation bereits wieder Unkraut, und die Gläubigen scheinen den Kult aufgegeben zu haben.« (SY 444)

Er fühlte sich irritiert durch »diese Humorlosigkeit, dieses sozusagen direkte Verhältnis zu den Dingen, dieses Dafür-oder-Dagegen. Eine leise Distanz mag auch einfach eine Geschmacksfrage sein.« (AW 117)

Vor allem störte ihn die in Frankfurt übliche Unterscheidung zwischen Affirmation und Kritik: »Sie ist ein spezifischer Fall von Blindheit; denn sie schließt die Möglichkeit aus, daß das, was als Gesellschaft sich realisiert hat, zu *schlimmsten Befürchtungen* Anlaß gibt, *aber nicht abgelehnt werden kann.*« (SO V, 233) Luhmann verweist hier auf »die evolutionäre Unwahrscheinlichkeit tragender Strukturen, die ins Extrem getriebene Autonomie und wechselseitige Abhängigkeit der Funktionssysteme, die gravierenden ökologischen Probleme, die Kurzfristigkeit der in der Wirtschaft und der Politik tragfähigen Perspektiven und vieles andere« (SO V, 223). Den Frankfurtern hält er vor, sich nurmehr mit Texten statt mit Realitäten zu befassen und allenfalls einige Nebenklassiker wie Georges Sorel dabei neu zu entdecken. Da, wie auch die Frankfurter sagen, die humanistische Emphase nicht mehr subjekttheoretisch, sondern intersubjektiv begründet werden muss, verlangt Luhmann, die Theorie solle genau angeben, »wer denn gemeint ist; denn offensichtlich kann sie nicht fünf Milliarden gleichzeitig lebende und handelnde Menschen auf die diskursive Suche nach guten Gründen schicken. Nicht nur die Dauer dieses Suchprozesses und die Bedingungen der ›bounded rationality‹, sondern schon die schlichte Gleichzeitigkeit des Verhaltens müßte ein solches Projekt zunichte machen.« (SO V, 234)

Die kritische Soziologie ist für ihn damit am Ende, weil nicht mehr die Emanzipation aus der Unmündigkeit, vielmehr Leben und Überleben die Fragen sind. Auch dieses Thema mag noch als »Krise« erscheinen, allerdings weniger als vorübergehende, durch falsches Bewusstsein und falsche Politik verursachte denn als struktureller Effekt der modernen Gesellschaft überhaupt. Dann aber kann Kritik nicht mehr viel ausrichten.

Vor allem Habermas hält er vor, dass dessen Arbeiten mit gesellschaftspolitischen Etikettierungen wie gesellschaftskonform, affirmativ, konservativ oder gar neokonservativ (dieses Etikett hält Luhmann für paradox) nur »das Stagnieren der eigenen Theorieentwicklung«[92] verdecken. Es ist eine Ungeduld in der

Theorie, die ihn sagen lässt: »[...] wenn ich nur strikt das lesen würde, was mich an einem bestimmten Punkt, und sei er noch so abstrakt, in meiner Theorieentwicklung weiterführen würde, würde ich gar nicht auf Habermas kommen. Das gilt auch für die Studenten.« (AW 119) Unterscheidungen wie die zwischen System und Lebenswelt erscheinen ihm einfach zu grob. Es fehlt ihm die theoretische Durcharbeitung der Positionen, »die durch die Diskussion immer anderer Gegner nicht ersetzt werden kann« (AW 118).

Hinzu kommt eine für Luhmann damals eher neue Ungeduld in der Praxis, die sich besonders in seinen Überlegungen zu den Themen Risiko und Ökologie zeigt. Es ist keineswegs in erster Linie konformistische Politik, die ihn zu dieser verschärften Distanzierung gelangen ließ. Die Position insgesamt erschien ihm nicht kompliziert und variantenreich genug, »um etwas anderes als ein protestierendes oder resignatives Verhalten zu provozieren« (AW 126). Was Luhmann empfahl, war allerdings nicht aktive Politik oder gar alteuropäische Praxis, sondern Einübung in die Beobachtung zweiter Ordnung, also gerade die distanzierte Praxisferne des Beobachters.

Trotz der gegenseitigen Abstoßung zwischen Luhmann und der Frankfurter Schule hat seine Theorie bei vielen Linken immer eine eigentümliche Anziehungskraft besessen. (HL 169) Anfang der Siebzigerjahre war dies im Wesentlichen in ihrem Anspruch gesamtgesellschaftlicher Analyse begründet, der ja eine auffällige Parallele zu Marx enthielt. Nach dem Auslaufen der Studentenbewegung ab Mitte der Siebzigerjahre hat eigenständiges marxistisches Denken seine wohl letzte Krise durchgemacht, eine Reihe von linken Intellektuellen auf die Suche nach neuen Orientierungen geschickt und dadurch auch Luhmanns Denken zu einer etwas unverstellteren Rezeption verholfen.

Habermas selbst hat in seiner *Theorie des kommunikativen*

Handelns durchaus an systemtheoretische Begrifflichkeiten angeknüpft, auch wenn es eine zu weitgehende Unterstellung seines immer noch stärker traditionsmarxistisch orientierten Schülers Thomas McCarthy ist, ihm einen »Flirt mit der Systemtheorie«[93] nachzusagen und ihm vorzuhalten, er habe »so viel aus dem begrifflichen Arsenal der Systemtheorie übernommen [...], daß er Gefahr läuft, nicht mehr imstande zu sein, in diesen Begriffen eine Antwort«[94] auf die Frage zu formulieren, welche administrativen Formen der Verwaltung und welche systemischen Formen repräsentativer (statt unmittelbarer) Demokratie akzeptiert und welche unter dem Gesichtspunkt der Emanzipation nicht mehr akzeptiert werden können. Ich meine allerdings, dass Habermas diese Unterscheidung durchaus noch treffen kann, auch wenn er in der Tat Luhmanns Begriff der Legitimation durch rationale Verfahren übernimmt und fragt: »Wie ist Legitimität durch Legalität möglich?«[95] Das autonom gewordene Recht ermöglicht unparteiliche Urteilsbildung und enthält damit die überschießende Idee einer ethischen Verfahrensrationalität, bleibt also auf Ethik und vor allem auf demokratische Öffentlichkeit zurückbezogen. Mit solchen Überlegungen baut Habermas Teilstücke der Systemtheorie in sein Denken ein, ohne dabei seine politischen Impulse aufzugeben. Als Fazit der Diskussion bleibt: Habermas ist in der Theorie konservativer, in der Politik emanzipationsorientierter als Luhmann.

13. Schluss

»Selbstkritische Vernunft ist ironische Vernunft.«[96]

Luhmann war der Prototyp eines postmodernen Ironikers.[97] Der Ironiker hält zu allen Formen der Praxis eine leicht schwebende Distanz.

Luhmanns Beobachten hat seinen eigenen, charakteristischen blinden Fleck. Es kann Handlungen beobachten und anderes Beobachten beobachten. Es versagt aber in allen Situationen, in denen selbst gehandelt oder entschieden werden muss. Beobachten ist zwar ein tatsächlicher Vorgang, also zweifellos auch eine Handlung. Doch genau hier liegt das Problem. Denn das Beobachtungshandeln stellt eine sehr eingeschränkte Form des Handelns dar. In vielen Situationen ist es geradezu eine unangemessene Form der Aktivität. Einer parlamentarischen Enquetekommission, die zur Entscheidungsfindung wissenschaftlichen Rat sucht, ist mit der Empfehlung, weiter zu beobachten, nur selten geholfen. Dort, wo Gefahren abgewendet werden müssen, und das ist bei sehr vielen Umweltfragen der Fall, ist Luhmanns Forderung, die Aufgabe könne »nur darin bestehen, genauer herauszubekommen, was da vor sich geht« (RI 6), nicht nur halb richtig, sondern falsch – auch vor dem Hintergrund seiner eigenen Überlegungen zur Schnelligkeit und zur Komplexitätsreduktion. Offenbar ist in Gefahrensituationen Handeln erforderlich, selbst wenn man noch nicht genau weiß, ob das berühmte Ozonloch nun wirklich durch Spraydosen oder auch durch andere Faktoren verursacht wird. Ich spreche hier ganz bewusst von Gefahren und Gefahrenabwehr, denn die Risiken werden immer dann zum Problem, wenn sie sich zur Gefahr entwickeln, wenn sich also die tödliche Seite der Wahrscheinlichkeitskalkulation zu aktualisieren beginnt.

Dieser blinde Fleck ist in gewisser Weise unvermeidlich. Es kann als Luhmanns persönliche Intention angesehen werden, »eine gute, dicht verwobene und auch kritikfähige Theorie auszuarbeiten«. Von daher ist eine unwirsche Bemerkung wie »da kann ich nicht noch jeden Freitag in Bonn sein« (AW 113) nachvollziehbar und verständlich. Handeln zur Gefahrenabwehr ist in Luhmanns Sicht gewiss nötig und möglich, jedoch eben nicht wissenschaftlich. Aber auffällig ist, dass hier alle seine Überlegungen zum »re-entry«, zum »crossing«, die wir aus dem Logik-Kapitel kennen, nicht zu greifen scheinen und nicht herangezogen werden. Gerade das Thema, wie eine Theorie, ohne ihren Theoriestatus aufzugeben und zur unmittelbaren politischen Praxis zu werden, doch Empfehlungen geben kann, die für das Handeln hilfreich oder nützlich sein könnten, würde eine intensivere systemtheoretische Diskussion verdienen. Je schärfer man die Grenzen zwischen den ausdifferenzierten Bereichen zieht, desto größer wird das Problem des »crossing«, der Möglichkeiten, sie zu überspringen. Wenn man darauf keine theoretisch hinreichend anspruchsvollen Antworten entwickelt, setzen sich unterkomplexe, primitive Formen wie das Lob der Entscheidung, die Mythologisierung des Befehls oder die Glorifizierung der Urteilskraft durch.

Anspruchsvolle Antworten können durchaus auch in der Beobachtung von politischer und gesellschaftlicher Praxis des Umgangs mit Problemsituationen gefunden werden. *Legitimation durch Verfahren*, eine verhältnismäßig frühe Arbeit Luhmanns aus dem Jahre 1969, enthält dazu wesentliche Beobachtungen von Gerichtsverfahren, politischen Wahlen, von Gesetzgebungsverfahren und Verwaltungsfunktionen. Auch hier wird nur beobachtet, und der Begriff »Legitimation« ist – nicht anders als bei Max Weber – im Sinne von Akzeptanz gemeint, d.h., er verzichtet auf die normativen Momente der Tradition. Dennoch kann gerade ein Denkansatz wie dieser aus der Sicht der politisch Handelnden nur normativ verstanden werden: Rechtssicherheit und richtige Politik bestimmen sich nicht mehr durch die Verwirklichung bestimmter Ziele, sondern durch die Einhaltung von Verfahrensregeln. In diesem Rahmen kann jeder zu seinem Recht kommen und nach seinen Möglichkeiten versuchen, sich selbst zu verwirklichen oder aber auch sich bereitwillig von den Institutionen konsumieren zu lassen (wie Arnold Gehlen das nur halb ironisch verlangte) oder was immer sonst die einschlägigen Parolen sein mögen. Moral wird sozusagen prozeduralisiert, bleibt aber Moral, solange man die Handlungsperspektive einnimmt.

Eine der am häufigsten gestellten Fragen zu Luhmann ist, ob er, dessen Arbeiten im Wesentlichen begriffsanalytisch und begriffsgeschichtlich angelegt sind, denn überhaupt der Soziologie zuzurechnen sei oder nicht vielmehr der Philosophie bzw. gar der Metaphysik. Das Bild des Soziologen wird heute ja weniger durch die berühmten Großtheoretiker des Faches geprägt als vielmehr durch geduldige Empiriker und Statistiker. Ein wichtiges Lexikon der Gegenwartsphilosophie behilft sich damit, ihn einen »Sozialtheoretiker« zu nennen.[98] Das trifft die Bandbreite seines Interesses und seine Methodik außerordentlich genau, und vor allem trifft es seine Intention, etwas so Altmodisches wie die Sozialphilosophie (wie sie von Jürgen Habermas, Max Horkheimer, Adorno, aber auch Arnold Gehlen repräsentiert wurde) hinter sich zu lassen. Robert Spaemann, eine der herausragenden Gestalten des westdeutschen Philosophiebetriebs, hat in einer Lobrede auf Luhmann einige seiner Gemeinsamkeiten und Differenzen zur Philosophie – nicht ohne Kritik am eigenen Fach – festgehalten: »Die Unerbittlichkeit seiner Reflexion, die Präzision und Tiefenschärfe seines begrifflichen Instrumentariums sind von der Art, daß mancher professionelle Philosoph es damit erst gar nicht aufnehmen möchte. Und was die Universalität der Thematik und den Grad der Abstraktion betrifft, so gilt das gleiche in eher noch höherem Maße.«[99] Dennoch handelt es sich nicht um Philosophie. »Er erhebt vielmehr den Anspruch, eine leistungsfähigere Alternative zur philosophischen Begriffsbildung zu entwickeln [...].«[100]

Philosophie gehört für Luhmann zu Alteuropa, zu einer Epoche mit einfachen Grundideen und niedrigem Komplexitätsgrad. Sein reflektierter Universalitätsanspruch ist dem der Philosophie jedoch verwandt[101], während die Ferne zu falsifizierbaren empirischen Forschungsresultaten nicht größer sein könnte. Spaemann empfiehlt deshalb die Charakterisierung Luhmanns als »Antiphilosoph«. Das »Anti« hat seinen Grund vor allem darin, dass Luhmann Abschlussgedanken verwirft und, wie wir gesehen haben, mit einer naturwissenschaftlich orientierten, empiristischen Erkenntnistheorie sympathisiert, die sich über die traditionellen philosophischen Probleme der Selbstreflexion durch die Empfehlung »Beobachte den Beobachter«, also einfach hinzuschauen, hinwegsetzt. Robert Spaemann vergisst nicht den Hinweis, »daß jede Antiphilosophie eines gewissen Ranges selbst Philosophie wird«[102]. Die Antworten sind zwar sozialtheoretisch, beziehen sich aber immer noch auf Fragen, die traditionell von der Philosophie formuliert wurden. Es ist durchaus eine ernst zu nehmende Definition von Philosophie, wenn man sie als Lehre vom Fragen versteht. Nach den Maßstäben philosophischer Systembildung haben wir es bei Luhmann sogar mit einem vollständigen System der Philosophie zu tun.

Alle fünf Bereiche, Ontologie, Erkenntnistheorie, Logik, Ethik und Ästhetik, sind vertreten. Und vor allem der Anspruch, der sich auf die Welt im Ganzen bezieht[103], ist dem der Philosophie verwandt. Wo es um Begriffskonstruktionen geht, greift er immer wieder auf philosophische Begriffe zurück, ist allerdings nur sehr selten an einer Auseinandersetzung mit den Gedanken der Autoren interessiert, auf die er sich bezieht, z.B. Hegel, Gotthard Günther oder Jacques Derrida. Ihn interessiert, was er aus ihrem Werk für seine Zwecke entnehmen kann und welche Überlegungen er assoziativ an sie anknüpfen kann – sonst nichts. Ganz bewusst wählt er also nicht den Zugang des an systematische oder fachgeschichtliche Konventionen gebundenen Fachmannes, sondern des Kollegen aus einem anderen Ressort. Im Zentrum seines Denkens steht die Konstruktion seines eigenen Begriffssystems, nicht die Auseinandersetzung mit Fachtraditionen. Übrigens auch nicht mit denen der Soziologie. Seine Zugeständnisse an das Fach und an die Fachkollegen macht Luhmann fast ausschließlich in den Fußnoten. Er zitiert ihre Ergebnisse als Quellenmaterial. Das befreit ihn von engen, rein innerfachlichen Bezugnahmen und verschafft ihm enorme Beweglichkeitsvorteile und Originalitätsgewinne. Die soziologischen Klassiker wie Max Weber, Emile Durkheim und Georg Simmel arbeiten seiner Ansicht nach »mit wenigen, nur unzureichend definierten Grundkonzepten« (AW 157), deren Beschreibungspotenzial mittlerweile erschöpft ist. Er setzt dagegen auf die Entwicklung einer interdisziplinären Perspektive, indem er sich bereitwillig von der Kognitionsbiologie informieren lässt und in sein Denken Elemente einer Metabiologie einbaut.[104]

Viele Kritiker Luhmanns haben den Eindruck, ihnen würde die Selbstbeschreibung eines Begriffssystems vorgelegt, das sich seine Probleme selbst bastelt und anschließend durch Entparadoxierungsverfahren mehr oder weniger erfolgreich löst. Über die Realität »da draußen« würde man bei Luhmann hingegen nichts erfahren. Das ist die Frage nach dem Nutzen einer Luhmann-Lektüre.

Ich meine, dass Luhmann zwei Dinge betrieben hat, die lehrreich sind. Das eine ist eine Art historische Soziologie, die die Semantik von Staat und Politik, Erziehungssystem und Liebesdiskursen in ihren Wandlungsprozessen von traditionalen Gesellschaften zur Moderne beschreibt. Hier arbeitet er ganz ähnlich wie Max Weber und Norbert Elias (den Luhmann wegen gewisser theoretischer Unschärfen sträflich unterschätzt und in seiner Bedeutung vollkommen verkannt hat). Das zweite ist eine komplexe Wissenschaftslehre, die herkömmliche sozialwissenschaftliche Naivitäten vermeidet und dem höchsten und interessantesten philosophischen Reflexionsniveau gerecht werden will, immer mit dem Anspruch, auch die dogmatischen Verhärtungen von Subjekt- und Transzendentalphilosophie zu überspringen. Dieser Teil von Luhmanns Denken ist eine hohe Schule spekulativer, wenngleich nachmetaphysischer Theoriebildung, wie sie vergleichbar komplex und modernitätsgerecht allenfalls noch bei Habermas zu finden ist. Luhmanns Konstruktionen sind Glaskathedralen der Theoriearchitektur, während Habermas eher der lebensweltorientierten Altbausanierung zuneigt.

Die Transparenz von Luhmanns immer erneuten Anläufen zu einem Gesamtentwurf lässt seine Arbeiten als Lehrbücher für eine ganze Reihe von Problemen und Fallen moderner Theoriebildung geeignet erscheinen. Die Forderung, Spekulation möglichst zu vermeiden, gehört zum Tenor heutiger Universitätsphilosophie. Die Physiker dagegen gönnen sich die extravagantesten kosmologischen Entwürfe, ebenso wie es durchweg Biologen und nicht Philosophen sind, die so anspruchsvolle Konzepte wie den radikalen Konstruktivismus und die evolutionäre Erkenntnistheorie entworfen haben.[105] Es kommt meines Erachtens nur darauf an, bei diesen spekulativen Entwürfen nicht wieder in die einfachsten Tautologien und Paradoxien der Philosophiegeschichte hineinzulaufen, wie es bei den Urknallkosmologien mit der Frage »Was war vorher?« oder bei einigen allzu radikalen Konstruktivisten mit der Frage nach der Realität der Außenwelt geschehen ist. Luhmann, aber auch die meisten der heutigen Konstruktivisten operieren, wie wir gesehen haben, längst nicht mehr im Stande philosophischer Naivität und entwickeln Erfolg versprechende Strategien, solchen Einwänden zu entgehen.

Unsere Weltentwürfe machen wir uns allemal. Wenn sie im Fach Philosophie nicht mehr zugelassen sein sollen, wandern sie in die Welt des Selbstgebastelten, der Individualmythologie oder, wie Bernhard Taureck das im Falle von Luhmann und Jacques Lacan formuliert, der Paraphilosophie[106] aus. Aufgrund des immer noch hohen Ansehens der Naturwissenschaftler haben deren Bastelprodukte und Individualmythologien die größten Chancen, öffentlich gehört zu werden. Luhmanns »versponnene Systemtheorie«, wie Habermas sie nennt[107], hat demgegenüber den Vorteil der höheren Reflektiertheit. Wenn ich mit Habermas die These vertrete, dass Luhmanns Entwürfe eine gewisse metatheoretische Weltbildfunktion[108] haben können (und, betrachtet man die Art, wie er sie vorträgt, zweifellos auch haben sollen), dann meine ich damit nicht eine fest gefügte Weltanschauung, sondern vielmehr die Fähigkeit, sich ständig außerordentlich bewegliche Begriffsfelder zu konstruieren, die Orientierung in fremdartigen Gedankenwelten ermöglichen, ähnlich vielleicht jenen intelligent gewordenen Telefonen, die uns mitlaufend die Positionen unserer Freunde und Bekannten sowie die Restaurants und Polizeiwachen der Umgebung anzeigen. Luhmanns Begriffssysteme sind so ausgefeilt, weil so viele traditionelle Probleme umgangen werden müssen. Aus diesem Grund ist auch ein gewisser Lernaufwand unumgänglich.

Was man auf dieser Ebene von Luhmann lernen kann, könnte vielleicht mit Lyotards Begriff der »sveltezza«, der sprachlichen und gedanklichen Schnelligkeit[109], umschrieben werden, die sich seit der Romantik in einer ihrerseits zunehmend schnelleren Bewegung über unsere Diskurswelten ausgebreitet hat. Bemerkungen über die »Tempovorteile« (SY 469) des Geschmacksurteils gegenüber der Vernunft (SY 76) und der Handlung gegenüber der Beobachtung durchziehen Luhmanns Arbeiten. Das Denken hat nicht mehr die Zeit zu den endlos langen Argumentationssitzungen der Diskursethik. (RI 52) Es kann nur noch mittels einer enorm gesteigerten Fungibilität der Begriffe mithalten. Ein Denken im Wechsel der Perspektiven, wie man es bei Nietzsche vorfindet, hat dem gewiss vorgearbeitet. Luhmann hätte die Vorstellung der Perspektive jedoch wohl als kontraproduktiv bezeichnet, weil sie die Fiktion eines »Standpunkts« und eines Subjekts, das von diesem Punkt aus urteilt, fast suggestiv nahelegt. Deshalb verwendet er den neutraleren Begriff des Beobachters und konzentriert sich auf Formen der Selbstbeobachtung und Selbstbeschreibung von Systemen.

Eine Beobachtung »unserer Gesellschaft« (WG 298), also der westeuropäisch-amerikanischen Zivilisation, mit den Mitteln seiner Theorie dürfte ihren Ertrag weniger in der Vermittlung von Informationen über sie haben als vielmehr in der Vermittlung eines Begriffsdenkens, das vor ihrer Komplexität nicht kapitulieren muss. Der Ertrag einer Luhmann-Lektüre liegt also nicht so sehr im unvermittelten Informationsgewinn, sondern stärker in der Verfeinerung des Begriffsrasters zur Selektion, Aufnahme und Anordnung von Informationen, die aus anderen Quellen eingespeist werden müssen. An Luhmann lässt sich besonders gut der Unterschied demonstrieren zwischen einem Fakten liefernden Empiriker und einem Empiristen, der fordert, die Sachen oder die Beobachter zu beobachten, und damit eine durchaus spekulative Denkhaltung einnimmt. Luhmanns Sache ist nicht die empirische Soziologie, sondern die empiristische Denkhaltung. Die Empirie interessiert ihn im Grunde nur unter der Fragestellung, wie »eine Supertheorie gegen die Stöße der Empirie hinreichend abgefedert werden« (TM 27) kann. Die Ungeduld der empirisch ausgerichteten Soziologen mit Luhmann ist angesichts solcher Äußerungen nicht ganz unverständlich, weil die mangelnde empirische Kontrollierbarkeit natürlich »Gefahren einer Fehlinvestition« in Begriffsbildungen (GS III, 358) enthält, die den ganzen Aufwand fragwürdig erscheinen lassen. Immerhin haben all jene Forschungsdisziplinen, an die die Systemtheorie anknüpft und von denen sie Einsichten übernimmt, von der Thermodynamik über die Biologie, die Neurophysiologie, die Zellentheorie, die Computerforschung, die Informationstheorie bis zur Kybernetik[110], ihre Grundlage in einer soliden empirischen Forschung.

Luhmann war ein Theoretiker, der über »hohe Arbeitskapazität, hohe Sensibilität und gewaltige Zettelkästen«[111] verfügte. Seine Buchproduktion ist schon nach Zahl und Umfang außerordentlich eindrucksvoll: ungefähr 17000 Druckseiten seit 1964, Mehrfachveröffentlichungen nicht gerechnet. Wie kann man es schaffen, eine derartige auktoriale Produktivität zu entwickeln? Die inhaltlichen Aspekte sind in den vorangegangenen Kapiteln ausführlich behandelt worden. Zum Abschluss dürfte ein Einblick in die nur scheinbar trivialen rein äußeren Aspekte des Schreibens interessant sein. Luhmann hat auf die Frage »Wie viele Stunden am Tag schreiben Sie?« eine Antwort gegeben, die hier deshalb zitiert werden soll, weil sie vielleicht den einen oder anderen Studenten, der vor den weißen Blättern seiner noch zu schreibenden Examensarbeit sitzt, aufmuntern könnte:

»Wenn ich nichts weiter zu tun habe, dann schreibe ich den ganzen Tag; morgens von 8.30 Uhr bis mittags, dann gehe ich kurz mit meinem Hund spazieren, dann habe ich noch einmal nachmittags von 14.00 Uhr bis 16.00 Uhr Zeit, dann ist wieder der Hund an der Reihe. Manchmal lege ich mich auch eine Viertelstunde hin, ich habe mir angewöhnt, mich ganz konzentriert auszuruhen, so daß ich nach kurzer Zeit wieder arbeiten kann. Ja, und dann schreibe ich in der Regel abends noch bis gegen 23.00 Uhr. Um 23.00 Uhr liege ich meistens im Bett und lese noch ein paar Dinge, die ich zu dieser Zeit noch verdauen kann. – Ich muß Ihnen sagen, daß ich nie etwas erzwinge, ich tue immer nur das, was mir leichtfällt. Ich schreibe nur dann, wenn ich sofort weiß, wie es geht. Wenn ich einen Moment stocke, lege ich die Sache beiseite und mache etwas anderes.« – »Was machen Sie dann?« – »Na, andere Bücher schreiben. Ich arbeite immer gleichzeitig an mehreren verschiedenen Texten. Mit dieser Methode, immer an mehreren Texten zu schreiben, habe ich nie Blockierungen.« (AW 145 f.)

Luhmann hat mit dieser beeindruckenden Arbeitshaltung seine Gesellschaftstheorie soweit ausgearbeitet, dass sie aus heutiger Sicht in ihren Grundzügen als abgeschlossen gelten kann. Systemumstürzende Neuerungen hat es nicht gegeben. Seine hochartifizielle Beschreibungssprache ist von einigen Schülern übernommen worden, z.B. von Dirk Baecker für den Bereich der Wirtschaft und von Peter Fuchs. Im Bereich der Literaturtheorie hatte Dietrich Schwanitz eine Systemtheorie der Literatur vorlegt. Besonders klug unter den vielen Anschlussmöglichkeiten an Luhmann ist Peter Sloterdijks Versuch, ihn als »Anwalt des Teufels« zu charakterisieren.[112]

Das größte kontinuierliche wie kritisch-distanzierte Interesse für Luhmann haben die Politiktheoretiker entwickelt. Aufgrund Luhmanns langjähriger Diskussion mit Renate Mayntz wurde die Systemtheorie vor allem im Kölner Max-Planck-Institut für Gesellschaftsforschung immer wahrgenommen und diskutiert.

Der zweite wesentliche Einflussbereich war zweifellos die ästhetische Theorie, die immer begierig jede Neuerung aufgreift und intellektuell gesehen wohl das aufnahmefähigste System ist. Der Einfluss des Luhmannschen Angebots einer Supertheorie auf die Wirtschaftswissenschaften muss als minimal angesehen werden. Seine Rechtstheorie ist zwischen einer treuherzigen konservativen Staatserhaltungslehre und einer wacker moralisierenden Verfassungslinken bislang nur im Hintergrund wahrgenommen worden. Seine Zurückhaltung bzw. völlige Enthaltung in Wertfragen überfordert offenbar die charakteristische Bekenntnishaftigkeit der juristischen Reflexion, die ihre subjektivsten Werturteile am liebsten im Stile unumstößlicher Beweisführung vorträgt. Unser intellektuelles Klima, das erst nur zögerliche Reaktionen zeitigte, ist heute mobil und selbstkritisch genug, um seine Impulse aufzunehmen. In seiner charakteristischen Bescheidenheit hat er festgestellt: »Schließlich ist die Systemtheorie nicht ohne Erfolg.«[113] Nunmehr beginnt eine neue Generation von Geistes- und Sozialwissenschaftlern, sich mit Luhmanns Theorieentwurf sehr viel unvoreingenommener auseinanderzusetzen, als das bislang der Fall gewesen ist. Die Systemtheorie enthält, gerade wenn man frei und undogmatisch mit ihr operiert, genügend ungelöste Paradoxien. Neuartige, vielleicht gar aufregende Lösungsversuche können also erwartet werden.

Anhang

Anmerkungen

1 Niklas Luhmann, Biographie im Interview. Gespräch mit Detlef Horster am 8. Januar 1996 in Oerlinghausen, in: Detlef Horster, Niklas Luhmann, München 1997, S. 46.

2 Theodor W. Adorno, Wörter aus der Fremde, in: ders.: Noten zur Literatur, 8. Aufl., Frankfurt/M. 2002, S. 216.

3 Geno Hartlaub, Unverständliche Wissenschaft, babylonische Sprachverwirrung?, in: Deutsches Allgemeines Sonntagsblatt, 27. 5. 1979. Solche Formulierungen haben natürlich mindestens einen doppelten Sinn, und ich bitte die weniger literarisch orientierten unter den Luhmann-Lesern, die Ironie auf einer ihrer Sinnebenen nicht zu übersehen. Joachim Kaiser konnte »dieser mit Sprache umgehende, scharfsinnige Professor« sogar vorsichtiges Lob entlocken. Vgl. Kaiser, Müssen Wissenschaftler schwer verständlich schreiben?, in: Süddeutsche Zeitung 22.5.1979.

4 Niklas Luhmann, Neuere Entwicklungen in der Systemtheorie, in: Merkur 42, 1988, S. 294.

5 Der blinde Fleck wird von Heinz von Foerster ganz unmetaphorisch dargestellt. Vgl. Heinz von Foerster, Sicht und Einsicht. Versuche zu einer operativen Erkenntnistheorie, Braunschweig/Wiesbaden 1985, S. 26.

6 Der Vorwurf der erkenntnistheoretischen Naivität (EK 13) hat Luhmann dennoch sehr getroffen, und er hat versucht, ihm durch eine Grundfigur nichtnaiven Denkens, nämlich durch eine Paradoxierung, entgegenzutreten. Wenn man nicht vom Erkennen spricht, sondern von der Umwelt, ergibt sich Folgendes: »Und ebenso wenig gibt es, wenn man von Erkenntnis absieht, Systeme. (*Deshalb* haben wir oben *gesagt*, es gibt Systeme).« (EK 16) Das Resultat ist das Gleiche: Durch die Paradoxierung lässt man die Frage sich totlaufen und kommt zu der Aussage, dass es sinnvoll ist, Erkenntnisprozesse in empiristischer Haltung zu beobachten. Im Übrigen lässt sich hier wie auch bei

Richard Rorty feststellen, dass dort, wo eine im Grunde einfache Erkenntnistheorie betrieben wird, der Aufwand an Ironie und Paradoxierung besonders hoch ist.

7 WG 87. Vgl. Humberto R. Maturana, Erkennen: Die Organisation und Verkörperung von Wirklichkeit, 2. Aufl. München u. Wiesbaden 1985, S. 225.

8 Luhmann bezieht sich hier auf: Gregory Bateson, Ökologie des Geistes, Frankfurt/M. 1985, S. 582: »Was wir tatsächlich mit Information meinen – die elementare Informationseinheit –, ist ein Unterschied, der einen Unterschied ausmacht.«

9 Niklas Luhmann, Sinn als Grundbegriff der Soziologie, in: HL 25-101.

10 Vgl. dazu Georg Lohmann, Autopoiesis und die Unmöglichkeit von Sinnverlust, in: Hans Haferkamp/Michael Schmid, Sinn, Kommunikation und soziale Differenzierung, Frankfurt/M. 1987, S. 165-186, hier S. 166 f.

11 So Jürgen Gerhards, Wahrheit und Ideologie, Köln 1984, S. 23 (speziell zum Sinnbegriff dort S. 24 ff.).

12 Vgl. Georg Lohmann, Autopoiesis und die Unmöglichkeit von Sinnverlust, a.a.O., S. 170.

13 Niklas Luhmann, Autopoiesis als soziologischer Begriff, in: Hans Haferkamp/Michael Schmid, Sinn, Kommunikation und soziale Differenzierung, Frankfurt/M. 1987, S. 307.

14 Volker Riegas, Glossar, in: ders./Christian Vetter (Hg.), Zur Biologie der Kognition. Ein Gespräch mit Humberto R. Maturana und Beiträge zur Diskussion seines Werkes, Frankfurt/M. 1990, S. 329. Vgl. als Grundlegung vor allem: Humberto R. Maturana/Francisco J. Varela, Autopoietische Systeme: eine Bestimmung der lebendigen Organisation, in: Humberto R. Maturana, Erkennen: Die Organisation und Verkörperung von Wirklichkeit, a.a.O., S. 170 ff.; Francisco J. Varela, Autonomie und Autopoiese, in: Siegfried J. Schmidt (Hg.), Der Diskurs des Radikalen Konstruktivismus, Frankfurt/M. 1987, S. 119 ff.

15 Vgl. dazu Gábor Kiss, Grundzüge und Entwicklung der Luhmannschen Systemtheorie, 2. Aufl., Stuttgart 1990, S. 1, 17.

16 Geschichtliche Grundbegriffe. Historisches Lexikon zur politisch-sozialen Sprache in Deutschland, hrsg. von Otto Brunner/Werner Conze/Reinhart Koselleck, Stuttgart 1972 ff. Vgl. auch Reinhart Koselleck, Vergangene Zukunft. Zur Semantik geschichtlicher Zeiten,

Frankfurt/M. 1989. Zu Luhmanns Begriffsverständnis von Semantik vgl. seinen Text: Gesellschaftliche Struktur und semantische Tradition, in: GS I, 9-71.

17 Norbert Elias, Über den Prozeß der Zivilisation. Soziogenetische und psychogenetische Untersuchungen, 2 Bde., Frankfurt/M. 1978.

18 Vgl. SO III, 28 sowie die einschlägigen Aufsätze in: Talcott Parsons, Politics and Social Structure, New York 1969. Zur Lektüre empfehle ich auch Jürgen Habermas' Darstellung und Kritik der Theorie der Steuerungsmedien in: Jürgen Habermas, Theorie des kommunikativen Handelns, Bd. 2, Frankfurt/M. 1981, S. 385-419. Parsons hat diese Überlegungen noch erheblich ausgeweitet und z.B. Intelligenz, Leistungsfähigkeit, Affekt und Interpretation als weitere Medien für Verhaltenssystem, Persönlichkeit, Gesellschaft und Kultur eingeführt. So kommt man schnell auf 64, allerdings zunehmend unscharf werdende Medien.

19 Diese Formel gefiel Luhmann so gut, dass er sie zwei Jahre später in SY 309 wiederholt hat.

20 Ulrich Beck, Risikogesellschaft, Frankfurt/M. 1986, S. 164.

21 Lionel Trilling, Das Ende der Aufrichtigkeit, München/Wien 1980, S. 18, 59.

22 George Spencer Brown, Laws of Form, New York 1972, S. 3, 1; vgl. RI 23ff.

23 Luhmann denkt hier vor allem an: Heinz von Foerster, Observing Systems, Seaside/Cal. 1981; Humberto R. Maturana, Erkennen: Die Organisation und Verkörperung von Wirklichkeit, a.a.O., vgl. RI 238.

24 Heinz von Foerster, Sicht und Einsicht, Wiesbaden 1985.

25 WG 94; vgl. Gotthard Günther, Beiträge zur Grundlegung einer operationsfähigen Dialektik, 3 Bde., Hamburg 1976ff., z.B. Bd. 1, S. 228f., 350f.

26 RI 23. Luhmanns Fähigkeit, diese Probleme als zugespitzte Paradoxien aufzufassen, verdankt sich natürlich auch einer Beschäftigung mit der Theologie von Nicolaus Cusanus, auf die sich Hinweise schon in seinen allerersten Veröffentlichungen finden, und einer Beschäftigung mit Hegels Logik, die ja mit genau der Frage beginnt: Womit muss der Anfang der Wissenschaft gemacht werden? (G.W.F. Hegel, Werke in 20 Bänden, hrsg. von Eva Moldenhauer/Karl Markus Michel, Bd. 5) Dort wird die Verzeitlichung als Auflösungsmöglichkeit schon vorgedacht.

27 Das berichtet Watzlawick in: Paul Watzlawick (Hg.), Die erfundene Wirklichkeit. Wie wissen wir, was wir zu wissen glauben? Beiträge zum Konstruktivismus, 6. Aufl., München/Zürich 1990, S. 230 ff.

28 Auf diese wichtige Differenz hat mich Ralph Schumacher aufmerksam gemacht.

29 Vgl. Niklas Luhmann, Tautologie und Paradoxie in den Selbstbeschreibungen der modernen Gesellschaft, in: Zeitschrift für Soziologie, 16. Jg., H. 3, S. 161-174.

30 Niklas Luhmann, Autopoiesis als soziologischer Begriff, a.a.O., S. 320.

31 Siegfried J. Schmidt, Der Radikale Konstruktivismus: Ein neues Paradigma im interdisziplinären Diskurs, in: ders. (Hg.), Der Diskurs des Radikalen Konstruktivismus, Frankfurt/M. 1987, S. 14 f.

32 Man vergleiche Spinozas Definition der Kontingenz der Einzeldinge in: Spinoza, Die Ethik nach geometrischer Methode dargestellt, in: ders., Sämtliche Werke in sieben Bänden, hrsg. von Carl Gebhardt, Bd. 2, Hamburg 1989, Teil IV, Definition 3, S. 190; sowie Kant, KrV, B 142.

33 Quines Aufsatz *Naturalisierte Erkenntnistheorie*, den Luhmann gern und häufig als Bestätigung seiner Thesen anführt, ist nachzulesen in: Willard Van Orman Quine, Ontologische Relativität und andere Schriften, Stuttgart 1975, S. 97-126.

34 Vgl. AW 131; Bronislaw Malinowski, Eine wissenschaftliche Theorie der Kultur, Zürich 1949; ders., Sex and Repression in Savage Society, London 1927; Alfred R. Radcliffe-Brown, Structure and Function in Primitive Society, London 1952.

35 Ernst Cassirer, Substanzbegriff und Funktionsbegriff. Untersuchung über die Grundfragen der Erkenntniskritik, 6. Aufl., Darmstadt 1990 (unveränderter Nachdruck der 1. Aufl. Berlin 1910). Vgl. SO I, 72.

36 Vgl. Emile Durkheim, Die Regeln der soziologischen Methode, Frankfurt/M. 1984 (zuerst 1895).

37 Vgl. dazu Gábor Kiss, Grundzüge und Entwicklung der Luhmannschen Systemtheorie, a.a.O., S. 1, 75-92.

38 So lautet ein Standardeinwand gegen Parsons – am präzisesten auf den Punkt gebracht von: Ralf Dahrendorf, Struktur und Funktion. Talcott Parsons und die Entwicklung der soziologischen Theorie, in: ders., Pfade aus Utopia, 4. Aufl., München/Zürich 1986, S. 213-241.

39 Das ist Habermas' zutreffende Beschreibung dieser Technik. Vgl. Jürgen Habermas, Der philosophische Diskurs der Moderne, Frankfurt/M. 1985, S. 443.

40 Vgl. dazu vor allem die §§ 27-51 in: Edmund Husserl, Ideen zu einer reinen Phänomenologie und phänomenologischen Philosophie, Tübingen 1980, S. 48-96 (zuerst 1913); dazu Peter Prechtl, Edmund Husserl zur Einführung, Hamburg 1998. Die Differenz zu Husserl liegt in Luhmanns Ablehnung des transzendentaltheoretischen Anspruchs. Vgl. SY 162.

41 Talcott Parsons/Edward Shils (Hg.), Toward a General Theory of Action, Cambridge/Mass. 1951, S. 3-29.

42 Heinz von Foerster, On Self-Organizing Systems and their Environments, in: Marshall C. Yovits/Scott Cameron (Hg.), Self-Organizing Systems, Oxford 1960, S. 31-48. Vgl. SY 150f.

43 Vgl. Ranulph Glanville, The Form of Cybernetics: Whitening the Black Box, in: General Systems Research. A Science, a Methodology, a Technology, Louisville/Kentucky 1979, S. 35-42. Vgl. SY 156 u.ö.

44 Seit Foucault vom »Tod des Menschen« sprach, geht in dieser Diskussion vieles durcheinander. Klärend ist: Manfred Frank, Subjekt, Person, Individuum, in: Herta Nagl-Docekal/Helmuth Vetter (Hg.), Tod des Subjekts?, Wien/München 1987, S. 54-77.

45 Hans Grünberger, Dehumanisierung der Gesellschaft und Verabschiedung staatlicher Souveränität: Das Politische System in der Gesellschaftstheorie Niklas Luhmanns, in: Pipers Handbuch der politischen Ideen, hrsg. von Iring Fetscher/Herfried Münkler, Bd. 5, München/Zürich 1987, S. 624. Vgl. SY 155, 178.

46 Claude Lévi-Strauss, Mythos und Bedeutung, Frankfurt/M. 1980, S. 15.

47 Habermas hat hier sehr klar differenziert, damit viele Vorwürfe von Luhmann-Kritikern zurechtgerückt und vor allem klargemacht, dass Luhmann mit Arnold Gehlen nicht gleichzusetzen ist. Vgl. Jürgen Habermas, Der philosophische Diskurs der Moderne, a.a.O., S. 436.

48 Niklas Luhmann, Neuere Entwicklungen in der Systemtheorie, a.a.O., S. 298.

49 Vgl. Stefan Jensen, Systemtheorie, Stuttgart u.a. 1983, S. 91. Luhmann selbst wendet sich gegen: Wolfgang Schluchter, Gesellschaft und Kultur. Überlegungen zu einer Theorie institutioneller Differenzierung, in: ders. (Hg.), Verhalten, Handeln und System. Talcott Parsons' Bei-

trag zur Entwicklung der Sozialwissenschaften, Frankfurt/M. 1980, S. 119f. Vgl. SY 595.

50 Luhmann reagiert deshalb auch unwirsch auf die Sprachwissenschaftler und Literaten, die sich über Terminologie, Fremdwortgebrauch und Unverständlichkeit wissenschaftlicher Prosa beklagen, sich nach Luhmanns Ansicht aber besser darum kümmern sollten, von einem Begriff wie »das Unterscheiden« auch einen Plural zu ermöglichen, damit man den substanzialistischen Klang von »Unterscheidungen« vermeiden kann. (SY 596)

51 Johannes Berger, Wie »systemisch« ist die Theorie sozialer Systeme?, in: Hans Haferkamp/Michael Schmid, Sinn, Kommunikation und soziale Differenzierung, Frankfurt/M. 1987, S. 129-154, hier S. 132.

52 PO Kap. 6, III. Vgl. Friedrich Schlegel, Werke in zwei Bänden, Bd. 1, Berlin/Weimar 1980, S. 61: »Jeder Staat, der einen besondern Zweck hat, ist despotisch, mag dieser Zweck auch anfänglich noch so unschuldig scheinen.«

53 Seit einigen Jahren liegt eine Studie vor von: Hannes Wimmer, Evolution der Politik. Von der Stammesgesellschaft zur modernen Demokratie, Wien 1996. Luhmann bemängelte allerdings den deutlichen Bruch zwischen Theorie und historischen Analysen.

54 Vgl. Fritz W. Scharpf, Politische Steuerung und Politische Institutionen, in: Politische Vierteljahresschrift, 30. Jg., 1989, H. 1, S. 10-22; Niklas Luhmann, Politische Steuerung. Ein Diskussionsbeitrag, in: Politische Vierteljahresschrift, 30. Jg., 1989, H. 1, S. 4-9.

55 Niklas Luhmann, Politische Steuerung. Ein Diskussionsbeitrag, a.a.O., S. 8.

56 Ders., Der politische Code. »Konservativ« und »progressiv« in systemtheoretischer Sicht, in: SO III, S. 267-286; zuerst in: Zeitschrift für Politik, 1974, S. 253-271. Zu seiner heutigen Sicht vgl.: ÖK 174.

57 Fritz Scharpf, Politische Steuerung und Politische Institutionen, a.a.O., S. 12.

58 Ebenda, S. 16-19.

59 Niklas Luhmann, Unsere Zukunft hängt von Entscheidungen ab. Gespräch am 7. Juni 1993 mit Rudolf Maresch, in: ders., Am Ende vorbei, Wien 1994, S. 152-174, hier S. 159.

60 Michael Welker (Hg.), Theologie und funktionale Systemtheorie. Luhmanns Religionssoziologie in theologischer Diskussion, Frankfurt/M. 1985, S. 13.

61 Vgl. dazu Frithard Scholz, Heil statt Verdammnis – der religiöse Code im Licht des Evangeliums. Zugleich eine Einladung zum Gespräch mit Karl Barth, in: TAP 107-136.

62 Douglas R. Hofstadter, Gödel, Escher, Bach: An Eternal golden Braid, Hassocks 1979, S. 691, zit. nach: GS III, 313.

63 Dorothee Sölle, Atheistisch an Gott glauben. Beiträge zur Theologie, München 1983 (zuerst 1968).

64 Die persönlichsten Motive der Philosophie von Jürgen Habermas liegen ebenfalls in diesem Bereich, auch wenn er – anders als Luhmann – niemals auf den Gedanken kommen würde, den Theologen Verbesserungsvorschläge zu unterbreiten. Vgl. dazu Walter Reese-Schäfer, Jürgen Habermas, 2. Aufl., Frankfurt/M. 1994, S. 110 ff., wo ich seine Stellung zu den Weltreligionen und zur Mystik behandle.

65 So in dem Gespräch mit Detlef Pollack, in: Deutsche Zeitschrift für Philosophie, 39. Jg., 1991, Heft 9, S. 937.

66 Ebenda, S. 954.

67 SO IV, 243 f., WI 265 f. An beiden Stellen gibt Luhmann den Originaltext zum Vergleich.

68 Jürgen Moltmann, Das Gespenst einer Zivilreligion, in: Evangelische Kommentare, 16. Jg., 1983, S. 124 ff.

69 Jean-Jacques Rousseau, Der Gesellschaftsvertrag oder Grundsätze des Staatsrechts, Stuttgart 1968, 4. Buch, 8. Kap.; zuerst als: Du contrat social; ou, principes du droit politique, entstanden 1754, zuerst veröffentlicht in Amsterdam 1762, dt. 1763.

70 Robert Bellah, Civil Religion in America, in: ders., Beyond Belief. Essays on Religion in a Post-Traditional World, New York 1970, S. 168-189; vgl. auch Heinz Kleger/Alois Müller, Religion des Bürgers. Zivilreligion in Amerika und Europa, München 1986 (dort auch eine Übersetzung von Bellahs Text).

71 Fritz Stolz, Das Bedürfnis nach Zivilreligion. Zur religiösen Dimension der politischen Kultur, in: Neue Zürcher Zeitung, 21.4.1991, S. 27.

72 Vgl. dazu Walter Reese-Schäfer, Lyotard zur Einführung, 3. Aufl., Hamburg 1995, bes. S. 43-51, 57-63.

73 Christoph Schulte, Radikal böse. Die Karriere des Bösen von Kant bis Nietzsche, 2. Aufl., München 1991, S. 327.

74 Vgl. zum Aufbau von Apels Argumentation, zu seiner Schlüssigkeit in der Durchführung und zu seinem Scheitern, weil er doch wieder eine Voraussetzung machen muss, nämlich dass man bereit ist, sich auf einen argumentativen Diskurs einzulassen: Walter Reese-Schäfer, Karl-Otto Apel und die Diskursethik. Eine Einführung, 2. Aufl. Wiesbaden 2017, S. 31-54, 109-118.

75 Vgl. Robert Spaemann, Niklas Luhmanns Herausforderung an die Philosophie, in: Niklas Luhmann, Paradigm lost, Frankfurt/M. 1989, S. 57.

76 Luhmann zitiert Zarastros berühmte Arie in: EM 380.

77 Max Weber, Gesammelte politische Schriften, hrsg. von Johannes Winckelmann, 5. Aufl., Tübingen 1988, S. 505-560.

78 Bärbel Bohley, Der fatale Opportunismus des Westens. Deutsche Lebenslügen: Eine Antwort auf Antje Vollmers offenen Brief, in: FAZ, 14.3.1992, S. 27.

79 Vgl. dazu Otfried Höffe (Hg.), Lexikon der Ethik, 5. Aufl., München 1997, Artikel Moral.

80 Vgl. Günter Hartfiel/Karl-Heinz Hillmann, Wörterbuch der Soziologie, 3. Aufl., Stuttgart 1982, Artikel Moral.

81 Aristoteles, Pol. 1252 a 5-6. Vgl. Walter Reese-Schäfer, Antike politische Philosophie zur Einführung, Hamburg 1998.

82 Vgl. dazu: »Was ist der Fall?« und »Was steckt dahinter?«. Die zwei Soziologien und die Gesellschaftstheorie. Bielefelder Universitätsgespräche und Vorträge 3, Bielefeld 1993, S. 7.

83 Vgl. dazu das Hauptwerk von: Humberto R. Maturana, Erkennen: Die Organisation und Verkörperung von Wirklichkeit, 2. Aufl., Braunschweig/Wiesbaden 1985, S. 143 ff., 150 ff., 243 f. Außerdem: Humberto R. Maturana/Francisco J. Varela, Der Baum der Erkenntnis. Die biologischen Wurzeln der menschlichen Erkenntnis, München 1987, bes. S. 85 f., 252 ff.

84 Niklas Luhmann, Die neuzeitlichen Wissenschaften und die Phänomenologie, Wien 1996, S. 56 (die Idee zu dieser Formulierung stammt von Jean Paul).

85 Vgl. Anthony Giddens, The Nation-State and Violence, Cambridge 1985; ders., The consequences of modernity, Stanford/Cal. 1990, S. 12 ff. Siehe Luhmann, GG 158 ff.

86 Luhmann in einem Interview mit Heidi Renk und Marco Bruns, in: taz, 21.10.1986; auch in AW 119.

87 Jürgen Habermas/Niklas Luhmann, Theorie der Gesellschaft oder Sozialtechnologie – Was leistet die Systemforschung?, Frankfurt/M. 1971 u.ö.

88 Theodor W. Adorno u.a., Der Positivismusstreit in der deutschen Soziologie, 3. Aufl., Neuwied/Berlin 1969.

89 Die Germanisten waren davon so beeindruckt, dass sie sich die nie wirklich stattgefundene Brecht-Lukács-Debatte zurechtkonstruiert haben.

90 Vgl. dazu Niklas Luhmann, Die Praxis der Theorie, in: SO I, 253-267, bes. 256; vgl. Habermas in: HL 226 ff.

91 Vgl. Johannes Agnoli/Peter Brückner, Die Transformation der Demokratie, Frankfurt/M. 1968; Carl Schmitt, Die geistesgeschichtliche Lage des heutigen Parlamentarismus, 6. Aufl., Berlin 1985.

92 Niklas Luhmann, Am Ende der kritischen Soziologie, in: Zeitschrift für Soziologie, 20. Jg., 1991, H. 2, S. 147-152, hier S. 149.

93 Thomas McCarthy, Komplexität und Demokratie – die Versuchungen der Systemtheorie, in: Axel Honneth/Hans Joas, Kommunikatives Handeln. Beiträge zu Jürgen Habermas' »Theorie des kommunikativen Handelns«, Frankfurt/M. 1986, S. 209.

94 Ebenda, S. 196.

95 Vgl. Niklas Luhmann, Legitimation durch Verfahren, Frankfurt/M. 1983; Jürgen Habermas, Wie ist Legitimität durch Legalität möglich?, in: Kritische Justiz, 20. Jg., 1987, S. 1-16.

96 Niklas Luhmann, Die neuzeitlichen Wissenschaften und die Phänomenologie, Wien 1996, S. 46.

97 Vgl. Karl-Heinz Bohrer, Hat die Postmoderne den historischen Ironieverlust der Moderne aufgeholt?, in: Merkur, 52. Jg., 1998, H. 9/10, S. 794-807, hier S. 796.

98 Hans-Joachim Höhn, in: Julian Nida-Rümelin (Hg.), Philosophie der Gegenwart in Einzeldarstellungen, Stuttgart 1991, S. 357.

99 Robert Spaemann, Niklas Luhmanns Herausforderung der Philosophie, in: Niklas Luhmann, Paradigm lost, a.a.O., S. 52.

100 Ebenda.

101 Ebenda, S. 57.

102 Ebenda, S. 62.

103 Vgl. Jürgen Habermas, in: HL 227.
104 Vgl. ders., Der philosophische Diskurs der Moderne, a.a.O., S. 430.
105 Vgl. z.B. Stephen W. Hawking, Eine kurze Geschichte der Zeit, Reinbek 1988; Konrad Lorenz, Die Rückseite des Spiegels. Versuch einer Naturgeschichte menschlichen Erkennens, München 1973 u.ö.; Rupert Riedl, Biologie der Erkenntnis, München 1979 u.ö.; Gerhard Vollmer, Evolutionäre Erkenntnistheorie, 3. Aufl., Stuttgart 1983; Francisco J. Varela, Kognitionswissenschaft – Kognitionstechnik, Frankfurt/M. 1990; Humberto R. Maturana, Erkennen: Die Organisation und Verkörperung von Wirklichkeit, a.a.O.
106 Bernhard H.F. Taureck, Nach dem Ende des Endes der Metaphysik, in: ders., Philosophie und Metaphilosophie, Cuxhaven 1989, S. 123.
107 Jürgen Habermas, Vergangenheit als Zukunft, Zürich 1990, S. 156.
108 Ders., Der philosophische Diskurs der Moderne, a.a.O., S. 443.
109 Jean-François Lyotard, Das Grabmal des Intellektuellen, Graz/Wien 1985, S. 88.
110 Vgl. Hans Haferkamp, Autopoietisches soziales System oder konstruktives soziales Handeln?, in: ders./Michael Schmid (Hg.), Sinn, Kommunikation und soziale Differenzierung, a.a.O., S. 60f.
111 Robert Spaemann, Niklas Luhmanns Herausforderung der Philosophie, a.a.O., S. 58; vgl. dazu auch: Niklas Luhmann, Kommunikation mit Zettelkästen, in: Horst Baier u.a. (Hg.), Öffentliche Meinung und sozialer Wandel, Opladen 1981, S. 222-228.
112 Peter Sloterdijk, Luhmann, Anwalt des Teufels. Von der Erbsünde, dem Egoismus der Systeme und den neuen Ironien, in: Dirk Baecker u.a., Luhmann-Lektüren. Berlin 2010, S. 91-158.
113 Niklas Luhmann, Unsere Zukunft hängt von Entscheidungen ab. Gespräch mit Rudolf Maresch, in: ders., Am Ende vorbei, Wien 1994, S. 173

Literaturhinweise

1. Siglen

AK	Die Ausdifferenzierung des Kunstsystems, Bern 1994.
AW	Archimedes und wir. Interviews, hrsg. von Dirk Baecker/ Georg Stanitzek, Berlin 1987.
EK	Erkenntnis als Konstruktion, Bern 1988.
EM	Ethik als Reflexionstheorie der Moral, in: ders., Gesellschaftsstruktur und Semantik, Bd. 3, Frankfurt/M. 1989, S. 358-448.
FR	Funktion der Religion, Frankfurt/M. 1977, Taschenbuchausgabe 1982.
GG	Die Gesellschaft der Gesellschaft, 2 Bde., Frankfurt/M. 1997.
GS I-IV	Gesellschaftsstruktur und Semantik, 4 Bde., Frankfurt/M. 1980-1995.
HL	Jürgen Habermas/Niklas Luhmann, Theorie der Gesellschaft oder Sozialtechnologie. Was leistet die Systemforschung?, Frankfurt/M. 1971.
KG	Die Kunst der Gesellschaft, Frankfurt/M. 1995, 2. Aufl. 1997.
LP	Liebe als Passion, Frankfurt/M. 1982, 2. Aufl. 1983.
ÖK	Ökologische Kommunikation, Opladen 1986, 2. Aufl. 1988.
PL	Paradigm lost: Über die ethische Reflexion der Moral. Rede von Niklas Luhmann anläßlich der Verleihung des Hegel-Preises 1989, Frankfurt/M. 1990.
PO	Die Politik der Gesellschaft, Frankfurt/M. 2000.
PT	Politische Theorie im Wohlfahrtsstaat, München 1981.
RI	Soziologie des Risikos, Berlin/New York 1992.
SO I-VI	Soziologische Aufklärung, 6 Bde., Opladen 1970-1995.
SY	Soziale Systeme. Grundriß einer allgemeinen Theorie, Frankfurt/M. 1984, 2. Aufl. 1985.
TAP	Dirk Baecker/Jürgen Markowitz/Rudolf Stichweh/Hartmann Tyrell/Helmut Willke (Hg.), Theorie als Passion. Niklas Luhmann zum 60. Geburtstag, Frankfurt/M. 1987.
TM	Niklas Luhmann/Stephan H. Pfürtner (Hg.), Theorietechnik und Moral, Frankfurt/M. 1978.

WG Die Wissenschaft der Gesellschaft, Frankfurt/M. 1990.
WI Die Wirtschaft der Gesellschaft, Frankfurt/M. 1988, 2. Aufl. 1989.
WK Weltkunst, in: Niklas Luhmann/Frederick D. Bunsen/Dirk Baecker, Unbeobachtbare Welt. Über Kunst und Architektur, Bielefeld 1990.

2. Bücher von Niklas Luhmann (chronologisch)

Die meisten Aufsätze sind in die Sammelbände *Soziologische Aufklärung* I-VI und *Gesellschaftsstruktur und Semantik* I-IV eingegangen.

Funktionen und Folgen formaler Organisationen. Mit einem Epilog 1994, 5. Aufl., Berlin 1999 (zuerst Berlin 1964).
Grundrecht als Institution. Ein Beitrag zur politischen Soziologie, 5. Aufl., Berlin 2009 (zuerst Berlin 1965).
Zweckbegriff und Systemrationalität. Über die Funktion von Zwecken in sozialen Systemen, 6. Aufl., Frankfurt/M. 1998 (zuerst Tübingen 1968).
Vertrauen: Ein Mechanismus der Reduktion sozialer Komplexität, 4. Aufl., Stuttgart 2000 (zuerst 1968).
Legitimation durch Verfahren, 8. Aufl., Berlin 2010 (zuerst Neuwied/Berlin 1969).
Soziologische Aufklärung, Bd. 1: Aufsätze zur Theorie sozialer Systeme, 8. Aufl., Wiesbaden 2009 (zuerst Köln/Opladen 1970).
Politische Planung. Aufsätze zur Soziologie von Politik und Verwaltung, 5. Aufl., Wiesbaden 2007 (zuerst Opladen 1971).
Theorie der Gesellschaft oder Sozialtechnologie – Was leistet die Systemforschung?, 10. Aufl., Frankfurt/M. 1990 (zusammen mit Jürgen Habermas; zuerst 1971).
Rechtssoziologie, 4. Aufl., Wiesbaden 2008 (zuerst Reinbek 1972; 2 Bde.).
Macht, 3. Aufl., Stuttgart 2003 (zuerst 1975).
Soziologische Aufklärung, Bd. 2: Aufsätze zur Theorie der Gesellschaft, 6. Aufl., Wiesbaden 2009 (zuerst Opladen 1975).
Funktion der Religion, 7. Aufl., Frankfurt/M. 2009 (zuerst 1977).
Theorietechnik und Moral, Frankfurt/M. 1978 (zusammen mit Stephan H. Pfürtner).

Reflexionsprobleme im Erziehungssystem, 3. Aufl., Frankfurt/M. 2006 (zusammen mit Karl Eberhard Schorr; zuerst Stuttgart 1979).
Gesellschaftsstruktur und Semantik. Studien zur Wissenssoziologie der modernen Gesellschaft, Bd. 1, 4. Aufl., Berlin 2010 (zuerst Frankfurt/M. 1980).
Gesellschaftsstruktur und Semantik. Studien zur Wissenssoziologie der modernen Gesellschaft, Bd. 2, 3. Aufl., Frankfurt/M. 2009 (zuerst 1981).
Ausdifferenzierung des Rechts. Beiträge zur Rechtssoziologie und Rechtstheorie, Frankfurt/M. 1999 (zuerst 1981).
Politische Theorie im Wohlfahrtsstaat, Neuaufl. München 2011 (zuerst 1981).
Soziologische Aufklärung, Bd. 3: Soziales System, Gesellschaft, Organisation, 5. Aufl., Wiesbaden 2009 (zuerst Opladen 1981).
Liebe als Passion. Zur Codierung von Intimität, 11. Aufl., Berlin 2010 (zuerst Frankfurt/M. 1982).
Soziale Systeme. Grundriß einer allgemeinen Theorie, 14. Aufl., Berlin 2010 (zuerst Frankfurt/M. 1984).
Soziale Differenzierung. Zur Geschichte einer Idee (Hg.), Opladen 1985.
Ökologische Kommunikation. Kann die moderne Gesellschaft sich auf ökologische Gefährdungen einstellen?, 5. Aufl., Wiesbaden 2008 (zuerst Opladen 1986).
Die soziologische Beobachtung des Rechts, Frankfurt/M. 1986.
Archimedes und wir. Interviews, hrsg. von Dirk Baecker/Georg Stanitzek, Berlin 1987.
Soziologische Aufklärung, Bd. 4: Beiträge zur funktionalen Differenzierung der Gesellschaft, 4. Aufl., Wiesbaden 2009 (zuerst Opladen 1987).
Die Wissenschaft der Gesellschaft, 6. Aufl., Frankfurt/M. 2009 (zuerst 1988).
Die Wirtschaft der Gesellschaft, 6. Aufl., Berlin 2010 (zuerst Frankfurt/M. 1988).
Gesellschaftsstruktur und Semantik. Studien zur Wissenssoziologie der modernen Gesellschaft, Bd. 3, 3. Aufl., Frankfurt/M. 2004 (zuerst 1989).
Reden und Schweigen, 5. Aufl., Frankfurt/M. 2008 (zusammen mit Peter Fuchs; zuerst 1989).
Beobachter. Konvergenz der Erkenntnistheorien?, hrsg. von Dieter Lenzen, 3. Aufl., München 2002 (zuerst 1990).

Paradigm lost: Über die ethische Reflexion der Moral. Rede anläßlich der Verleihung des Hegel-Preises 1989, 5. Aufl., Frankfurt/M. 2007, S. 7-46 (zuerst 1990).
Soziologische Aufklärung, Bd. 5: Konstruktivistische Perspektiven, 4. Aufl., Wiesbaden 2009 (zuerst Opladen 1990).
Zwischen Anfang und Ende. Fragen an die Pädagogik, Frankfurt/M. 1990 (zusammen hrsg. mit Karl Eberhard Schorr).
Weltkunst, in: Niklas Luhmann/Frederick D. Bunsen/Dirk Baecker, Unbeobachtbare Welt. Über Kunst und Architektur, Bielefeld 1990.
Soziologie des Risikos, Berlin/New York 2003 (unveränd. Nachdruck der Ausgabe von 1991).
Beobachtungen der Moderne, 2. Aufl., Wiesbaden 2006 (zuerst Opladen 1992).
Universität als Milieu. Kleine Schriften, hrsg. von André Kieserling, Bielefeld 1992.
Das Recht der Gesellschaft, 5. Aufl., Berlin 2010 (zuerst Frankfurt/M. 1993).
»Was ist der Fall?« und »Was steckt dahinter?«. Die zwei Soziologien und die Gesellschaftstheorie. Bielefelder Universitätsgespräche und Vorträge 3, Bielefeld 1993.
Die Ausdifferenzierung des Kunstsystems, Bern 1994.
Soziologische Aufklärung, Bd. 6: Die Soziologie und der Mensch, 3. Aufl., Wiesbaden 2008 (zuerst Opladen 1995).
Gesellschaftsstruktur und Semantik. Studien zur Wissenssoziologie der modernen Gesellschaft, Bd. 4, Neuausg. Frankfurt/M. 1999 (zuerst 1995).
Die Kunst der Gesellschaft, 6. Aufl., Frankfurt/M. 2007 (zuerst 1995).
Die Realität der Massenmedien, 4. Aufl., Wiesbaden 2009 (zuerst Opladen 1995).
Die neuzeitlichen Wissenschaften und die Phänomenologie, Wien 1996.
Protest. Systemtheorie und soziale Bewegungen, hrsg. von Kai-Uwe Hellmann, 3. Aufl., Frankfurt/M. 2004 (zuerst 1996).
Zwischen System und Umwelt. Fragen an die Pädagogik, Frankfurt/M. 1996 (zusammen mit Karl Eberhard Schorr).
Bildung und Weiterbildung im Erziehungssystem. Lebenslauf und Humanontogenese als Medium und Form (zus. mit Dieter Lenzen), Frankfurt/M. 1997.
Die Gesellschaft der Gesellschaft, 7. Aufl., Frankfurt/M. 2009 (zuerst 1997; 2 Bde.).

Die Politik der Gesellschaft, 3. Aufl., Frankfurt/M. 2008 (zuerst 2000).
Organisation und Entscheidung, 3. Aufl., Wiesbaden 2011 (zuerst 2000).
Die Religion der Gesellschaft, 3. Aufl., Berlin 2011 (zuerst Frankfurt/M. 2000).
Aufsätze und Reden, hrsg. von Oliver Jahraus, Stuttgart 2001.
Das Erziehungssystem der Gesellschaft, hrsg. von Dieter Lenzen, 4. Aufl., Berlin 2010 (zuerst Frankfurt/M. 2002).
Einführung in die Systemtheorie, hrsg. von Dirk Baecker, 5. Aufl., Heidelberg 2009 (zuerst 2002).
Short Cuts 1, hrsg. von Peter Gente, Heidi Paris und Martin Weinmann, 4. Aufl., Frankfurt/M. 2002 (zuerst 2000).
Theorie der Gesellschaft, 9 Bde. in Kassette, Frankfurt/M. 2002 (darin alle Hauptwerke).
Schriften zur Pädagogik, Frankfurt/M. 2004.
»Warum haben Sie keinen Fernseher, Herr Luhmann?«. Letzte Gespräche mit Niklas Luhmann, hrsg. von Wolfgang Hagen et al., Neuausg. Berlin 2011 (zuerst 2004).
Einführung in die Theorie der Gesellschaft, hrsg. von Dirk Baecker, 2. Aufl., Heidelberg 2009, (nach einer Tonbandaufzeichnung der gleichnamigen Vorlesung) (zuerst 2005).
Das Kind als Medium der Erziehung, Frankfurt/M. 2006 (Nachdruck des Textes aus Schriften zur Pädagogik, Frankfurt/M. 2004, S. 159-186).
Liebe. Eine Übung, hrsg. von André Kieserling, Frankfurt/M. 2008.
Die Moral der Gesellschaft, hrsg. von Detlef Horster, Frankfurt/M. 2008 (Aufsatzsammlung).
Ideenevolution. Beiträge zur Wissenssoziologie, hrsg. von André Kieserling, Frankfurt/M. 2008.
Schriften zu Kunst und Literatur, hrsg. von Niels Werber, Frankfurt/M. 2008.
Was tun, Herr Luhmann? Vorletzte Gespräche mit Niklas Luhmann, hrsg. von Wolfgang Hagen, Berlin 2009.
Politische Soziologie, hrsg. von André Kieserling, Berlin 2010.
Wie halten Sie's mit Außerirdischen, Herr Luhmann? Nicht unmerkwürdige Gespräche mit Niklas Luhmann, hrsg. von Klaus Dammann, Berlin 2011 (vor allem Rundfunk- und Fernsehgespräche).
Kontingenz und Recht. Rechtstheorie im interdisziplinären Zusammenhang, hrsg. von Johannes F. K. Schmidt, Berlin 2013.

Macht im System, hrsg. von André Kieserling, Berlin 2013.
Der neue Chef, hrsg. von Jürgen Kaube, Berlin 2016.
Systemtheorie der Gesellschaft, hrsg. von Johannes F. K. Schmidt u. André Kieserling, Berlin 2017.
Die Kontrolle von Intransparenz, hrsg. von Dirk Baecker, Berlin 2017.
Schriften zur Organisation 1. Die Wirklichkeit der Organisation, hrsg. von Ernst Lukas und Veronika Tacke, Wiesbaden 2018.
Schriften zur Organisation 2. Zur Theorie organisierter Sozialsysteme, hrsg von Ernst Lukas und Veronika Tacke, Wiesbaden 2019.
Schriften zur Organisation 3. Gesellschaftliche Differenzierung, hrsg. von Ernst Lukas und Veronika Tacke, Wiesbaden 2019.
Schriften zur Organisation 4. Reform und Beratung, hrsg. von Ernst Lukas und Veronika Tacke, Wiesbaden 2020.
Schriften zur Organisation 5. Vorträge, Lexikonartikel, Rezensionen, hrsg. von Ernst Lukas und Veronika Tacke, Wiesbaden 2022.
Schriften zur Organisaition 6. Annotationen und Verzeichnisse, hrsg. von Ernst Lukas und Veronika Tacke, Wiesbaden 2012.
Die Grenzen der Verwaltung, hrsg. von Johannes F. K. Schmidt und Christoph Gesigora; mit einem Nachwort von André Kieserling und Johannes F. K. Schmidt, Berlin 2021.

Hinzuweisen ist außerdem darauf, dass zwei wichtige Vorlesungen Luhmanns auf jeweils vierzehn Kassetten mitgeschnitten worden sind: *Einführung in die Systemtheorie* sowie seine letzte Vorlesung in Bielefeld vor seiner Emeritierung, *Theorie der Gesellschaft*. Die Vorlesungen sind mittlerweile im MP3-Format online zugänglich (www.carl-auer.de).

3. Weiterführende Literatur

Baecker, Dirk u.a. (Hg.), Theorie als Passion. Niklas Luhmann zum 60. Geburtstag, Frankfurt/M. 1987.
Baecker, Dirk u.a. (Hg.), Zehn Jahre danach. Luhmanns »Die Gesellschaft der Gesellschaft«, Soziale Systeme H. 1-2, Stuttgart 2007.
Baraldi, Claudio u.a. (Hg.), GLU. Glossar zu Niklas Luhmanns Theorie sozialer Systeme, Frankfurt/M. 1997.
Bardmann, Theodor M. und Dirk Baecker (Hg.), »Gibt es eigentlich den Berliner Zoo noch?« Erinnerungen an Niklas Luhmann, Konstanz 1999.

Bechmann, Gotthard, Alteuropa und wir, in: Soziologische Revue, 21. Jg., 1998, S. 165-174.
Berghaus, Margot, Luhmann leicht gemacht. Eine Einführung in die Systemtheorie, Stuttgart 2011.
Burkart, Günter/Runkel, Gunter (Hg.), Luhmann und die Kulturtheorie, Frankfurt/M. 2004.
Coch, Charlotte, Lektüre als Form. Das absolute Buch bei Friedrich Schlegel, Walter Benjamin und Niklas Luhmann, Bielefeld 2021.
Dammann, Klaus/Grunow, Dieter/Japp, Klaus P., Die Verwaltung des politischen Systems. Neuere systemtheoretische Zugriffe auf ein altes Thema. Mit einem Gesamtverzeichnis der Veröffentlichungen Niklas Luhmanns 1958-1992, Opladen 1994.
De Berg, Henk/Prangel, Matthias (Hg.), Systemtheorie und Hermeneutik, Tübingen 1997.
Dies., Differenzen. Systemtheorie zwischen Dekonstruktion und Konstruktivismus, Tübingen 1995.
Fuchs, Peter, Das seltsame Problem der Weltgesellschaft. Eine Neubrandenburger Vorlesung, Opladen 1997.
Ders., Niklas Luhmann – beobachtet, 3., aktual. Aufl. Wiesbaden 2004.
Geyer, Christian, Niklas Luhmann. Die Knappheit der Zeit und die Vordringlichkeit des Befristeten, Berlin 2011.
Habermas, Jürgen, Theorie der Gesellschaft oder Sozialtechnologie? Eine Auseinandersetzung mit Niklas Luhmann, in: ders./Luhmann, Niklas, Theorie der Gesellschaft oder Sozialtechnologie. Was leistet die Systemforschung?, 2. Aufl., Frankfurt/M. 1974, S. 142-290.
Ders., Exkurs zu Luhmanns systemtheoretischer Aneignung der subjektphilosophischen Erbmasse, in: ders., Der philosophische Diskurs der Moderne. Zwölf Vorlesungen, Frankfurt/M., S. 426-445.
Haferkamp, Hans/Schmid, Michael (Hg.), Sinn, Kommunikation und soziale Differenzierung. Beiträge zu Luhmanns Theorie sozialer Systeme, Frankfurt/M. 1987.
Hellmann, Kai-Uwe/Schmalz-Bruns, Rainer (Hg.), Theorie der Politik. Niklas Luhmanns politische Soziologie, Frankfurt/M. 2002.
Horster, Detlef, Niklas Luhmann, München 1997, 2. Aufl. 2005.
Ders. (Hg.), Niklas Luhmann – Soziale Systeme. Klassiker auslegen, Berlin 2013.

Jahraus, Oliver u.a. (Hrsg.), Luhmann-Handbuch. Leben – Werk – Wirkung, Stuttgart/Weimar 2012.

Kött, Andreas, Systemtheorie und Religion. Mit einer Religionstypologie im Anschluss an Niklas Luhmann, Würzburg 2003.

Krause, Detlef, Luhmann-Lexikon. Eine Einführung in das Gesamtwerk von Niklas Luhmann, 3., neu bearb. und erw. Aufl. Stuttgart 2001.

Krawietz, Werner/Welker, Michael (Hg.), Kritik der Theorie sozialer Systeme. Auseinandersetzungen mit Luhmanns Hauptwerk, Frankfurt/M. 1992.

Kühl, Stefan, Brauchbare Illegalität. Vom Nutzen des Regelbruchs in Organisationen, Frankfurt und New York, 2020.

Lange, Stefan, Niklas Luhmanns Theorie der Politik. Eine Abklärung der Staatsgesellschaft, Wiesbaden 2003.

Maturana, Humberto R., Erkennen: Die Organisation und Verkörperung von Wirklichkeit. Ausgewählte Arbeiten zur biologischen Epistemologie, 2., durchges. Aufl., Braunschweig/Wiesbaden 1985.

Merz-Benz, Peter-Ulrich und Wagner, Gerhard (Hg.), Die Logik der Systeme. Zur Kritik der systemtheoretischen Soziologie Niklas Luhmanns, Konstanz 2000.

Nassehi, Armin/Gerd Nollmann (Hg.), Bourdieu und Luhmann. Ein Theorievergleich, Frankfurt/M. 2004.

Nassehi, Armin, Wie weiter mit Luhmann?, Hamburg 2008.

Nickel-Schwäbisch, Andrea, Wo bleibt Gott? Eine theologische Auseinandersetzung mit dem Gottesbegriff der Systemtheorie Niklas Luhmanns, Münster 2004.

Nitsche, Lilli, Backsteingiebel und Systemtheorie. Niklas Luhmann – Wissenschaftler aus Lüneburg, Lüneburg 2011.

Scheibmayr, Werner, Niklas Luhmanns Systemtheorie und Charles S. Peirces Zeichentheorie. Zur Konstruktion eines Zeichensystems, Tübingen 2004.

Schimank, Uwe/Giegel, Hans-Joachim (Hg.), Beobachter der Moderne. Beiträge zu Niklas Luhmanns *Die Gesellschaft der Gesellschaft*, Frankfurt/M. 2003.

Schuldt, Christian, Systemtheorie – Theorie für die vernetzte Gesellschaft, Hamburg 2017.

Schulte, Günter, Der blinde Fleck in Luhmanns Systemtheorie, Frankfurt/M./New York 1993.

Schützeichel, Rainer, Sinn als Grundbegriff bei Niklas Luhmann, Frankfurt/M./New York 2003.

Schwanitz, Dietrich, Systemtheorie und Literatur. Ein neues Paradigma, Opladen 1990.

Sloterdijk, Peter, Der Anwalt des Teufels. Niklas Luhmann und der Egoismus der Systeme, in: Soziale Systeme, 6. Jg., 2000, H. 1, S. 3-38. Wieder abgedruckt in Wolfram Burckhardt (Hg.), Luhmann Lektüren, Berlin 2010, S. 91-158.

Spaemann, Robert, Niklas Luhmanns Herausforderung der Philosophie, in: Luhmann, Niklas, Paradigm lost: Über die ethische Reflexion der Moral. Rede von Niklas Luhmann anläßlich der Verleihung des Hegel-Preises 1989, Laudatio von Robert Spaemann, Frankfurt/M. 1990.

Thomas, Günther und Andreas Schüle, Luhmann und die Theologie, Darmstadt 2005.

Tzaneva, Magdalena (Hrsg.), Nachtflug der Eule: 150 Stimmen zum Werk von Niklas Luhmann. Festschrift zum 15. Todestag von Niklas Luhmann, Berlin 2013.

Varela, Francisco J., Kognitionswissenschaft – Kognitionstechnik. Eine Skizze aktueller Perspektiven, Frankfurt/M. 1990.

Warnke, Martin, Beyes, Timon, Hagen, Wolfgang und Pias, Claus, (Hrsg.), Niklas Luhmann am OVG Lüneburg: Zur Entstehung der Systemtheorie, Berlin 2021.

Weinbach, Christine, Systemtheorie und Gender. Das Geschlecht im Netz der Systeme, Wiesbaden 2004.

Welker, Michael (Hg.), Theologie und funktionale Systemtheorie. Luhmanns Religionssoziologie in theologischer Diskussion, Frankfurt/M. 1985.

Zorn, Carsten, Zur Aktualität von Niklas Luhmann. Eine Einleitung in sein Werk, Wiesbaden 2011.

Die auf den folgenden beiden Seiten abgedruckte Schautafel einiger der wichtigsten sozialen Funktionssysteme soll dem Überblick und der Orientierung dienen. Im Einzelnen können derartige Schematisierungen nicht genau genug sein, und vor allem können sie nicht abbilden, welche Sorgfalt Luhmann vor allem auf die Herausarbeitung der Codemerkmale gelegt hat, wie schwer er es sich damit gemacht hat und wie viele Möglichkeiten er jeweils durchdiskutiert und in Erwägung gezogen hat. Und nicht zu vergessen: Diese Systemtafel ist selbst dem Wandel der gesellschaftlichen Semantiken ausgesetzt. Die Codesysteme variieren mit der systemischen Evolution und sprengen die Fixierung ständig wieder auf. Auch das ist ein Grund dafür, dass man Luhmanns ideengeschichtliche Studien zur historischen Semantik nicht überlesen sollte. Sie fügen der synchronischen Tabulatur der Systeme die diachronische Entwicklung des Geschichtlichen hinzu.

Über jedes einzelne der Felder in dieser Schautafel könnte man lange diskutieren und sollte dies auch tun, um nicht leicht erlernbaren Schematismen zum Opfer zu fallen. Luhmann selbst hat auf eine derartige Schautafel verzichtet. Er brauchte für sein komplexes Denken keine visuellen Stützungsstrukturen. Dennoch wird die Tafel hier publiziert, weil sie – bei wohlwollender Betrachtung – die Komplexitäten immerhin aufscheinen lässt.

Schautafel der Funktionssysteme

Funktionssystem	**Code**	**Programm**
Wirtschaft	Haben/Nichthaben	Knappheit/Preis
Recht	rechtmäßig/ unrechtmäßig	Recht, Ordnung
Wissenschaft	wahr/unwahr	Forschung
Politik	Regierung/ Opposition	politische Ideen und Ideologien
Religion	Immanenz/ Transzendenz	Offenbarung, Dogmatik, religiöse Texte, Rituale
Erziehungssystem	gute/schlechte Zensuren	Lehr- und Lernprogramme
psychisches System	identisch/ nichtidentisch	seelische Gesundheit
Massenmedien	Information/ Nichtinformation	Mitteilungen
Moral	Achtung/ Nichtachtung	Wertvorstellungen
Ethik	gerechtfertigt/ ungerechtfertigt	praktische Philosophie
Kunst	traditionell: schön/hässlich, modern: innovativ/alt	Stile
Medizinsystem	krank/gesund (Umkehrung: Präferenz für den scheinbaren Negativwert)	hippokratischer Eid
Liebe	ja/nein	Passion
soziale Bewegungen	betroffen/ nicht betroffen	Protest

Medium	**Funktion**
Geld, Eigentum, Macht	materielle Reproduktion
Recht (= Gesetze, Entscheidungen)	Sicherheit und Entscheidung von Konflikten
wissenschaftliche Erkenntnisse	Produktion neuer Erkenntnisse
Konkurrenz um Macht (öffentliche Ämter)	Herstellung kollektiv bindender Entscheidungen
Glaube	Transformation unbestimmbarer in bestimmbare Komplexität
Schulpflicht, Karriereerwartungen	Ausbildung und Bildung, Karriereselektion
Bewusstsein	individuelle Identitätsorganisation
Kommunikationsmedien, Sprache, Bilder	Information und Unterhaltung
Werturteile	subinstitutionelle Orientierung und Regulierung
Moral	Moralreflexion, Moralbegründung, Moralkontrolle
Geschmacksurteile, Kunstwerke	Produktion, Präsentation und Reflexion von Kunstwerken
Behandlung, Heilverfahren	Gesundheitsfürsorge
Erotik	Partnerwahl
Mobilisierung	Einführung unspezifischer Probleme in Systemstrukturen

Zeittafel

»Biographien sind mehr eine Kette von Zufällen, die sich zu etwas organisierten, das dann allmählich weniger beweglich wird.« (AW, 149)

1927	Niklas Luhmann wird am 8. Dezember als Sohn eines Brauereibesitzers in Lüneburg geboren.
1944	Mit siebzehn Jahren Luftwaffenhelfer.
1945	Kurze amerikanische Kriegsgefangenschaft.
1946-49	Studium der Rechtswissenschaften in Freiburg und Referendarausbildung.
1952-53	Er beginnt mit dem Aufbau seiner berühmten Zettelkästen.
1954	Verwaltungsbeamter am Oberverwaltungsgericht Lüneburg.
1955-62	Landtagsreferent im niedersächsischen Kultusministerium.
1960	Heirat mit Ursula von Walter.
1960-61	Beurlaubung zum Studium an der Harvard-Universität bei Talcott Parsons.
1962-65	Referent am Forschungsinstitut der Hochschule für Verwaltungswissenschaft in Speyer.
1964	Veröffentlichung seines ersten Buches: *Funktionen und Folgen formaler Organisation*.
1965	Luhmann wird von Helmut Schelsky als Abteilungsleiter an die Sozialforschungsstelle Dortmund geholt.
1966	Das Buch von 1964 sowie *Recht und Automation in der öffentlichen Verwaltung* werden als Dissertation und Habilitation an der Universität Münster von Helmut Schelsky und Dieter Claessens angenommen.
1967	Unter dem Titel *Soziologische Aufklärung* hält Luhmann seine programmatische Antrittsvorlesung in Münster.

1968 Luhmann wird Professor für Soziologie an der neu gegründeten Reformuniversität Bielefeld.

1971 Habermas und Luhmann veröffentlichen gemeinsam ihren Kontroversen-Band *Theorie der Gesellschaft oder Sozialtechnologie – Was leistet die Systemforschung?*

1977 Tod seiner Frau Ursula.

1984 *Soziale Systeme* erscheint.

1986 Der Band *Ökologische Kommunikation* dokumentiert seine Hinwendung zu aktuellen Lebens- und Überlebensproblemen.

1987 Zum 60. Geburtstag erscheint die Festschrift *Theorie als Passion*.

1988 Hegel-Preis der Stadt Stuttgart.

1993 Zum Ende des WS 92/93 wird Luhmann in Bielefeld emeritiert. Seine Abschlussvorlesung vom 9. Februar trägt den Titel: *»Was ist der Fall« und »Was steckt dahinter?«*

1995 Luhmann bereitet seine Studie *Die Politik der Gesellschaft* vor.

1997 Sein Hauptwerk, das Resultat dreißigjähriger Forschung, erscheint: *Die Gesellschaft der Gesellschaft*.

1998 Luhmann stirbt am 6. November in Oerlinghausen bei Bielefeld.

Walter Reese-Schäfer, ist Professor für Politische Theorie und Ideengeschichte an der Georg-August-Universität Göttingen. Seit 2019 Emeritus. Buchveröffentlichungen u.a.: Lyotard zur Einführung (1995, Neuaufl. 2022), Richard Rorty zur Einführung (2006), Grenzgötter der Moral. Der neuere europäisch-amerikanische Diskurs zur politischen Ethik (2012), Ideengeschichte als Provokation. Schriften zum politischen Denken (2019); Deutungen der Gegenwart. Zur Kritik wissenschaftlicher Zeitdiagnostik (2019).